*Система навыков
дальнейшего энергоинформационного развития (ДЭИР)*

Эта книга даст тебе счастье и удачу

Дмитрий Верищагин

СТАНОВЛЕНИЕ

Система навыков
дальнейшего
энергоинформационного
развития

II ступень

Санкт-Петербург
«Невский проспект»
2002

ББК 53.54
В 26
УДК 615.83

Верищагин Д. С.

В 26   Становление: Система навыков дальнейшего энергоинформационного развития, II ступень. — СПб.: «Невский проспект», 2002. — 188 с. (Сер.: Система ДЭИР)
ISBN 5-8378-0004-2

Предлагаемая автором книги система ДЭИР (Дальнейшего энергоинформационного развития) — это целостная система достижения гармонии и здоровья. Разрабатываемая в рамках секретных программ по особому заказу высшего партийного руководства нашей страны в конце восьмидесятых годов, она основана на методиках сознательного управления энергетическими потоками.

Эта книга покажет реальный путь к свободе от внешних обстоятельств, к счастью и удаче.

КНИГА-ПОЧТОЙ: 196240, СПб, а/я 114, «Невский проспект»; тел. (812) 123-33-27

Верищагин Д. С.

СТАНОВЛЕНИЕ

Система навыков дальнейшего энергоинформационного развития
II ступень

Главный редактор *Смирнова М. В.*
Художественный редактор *Бегак О. М.*

ЛР № 066423 от 19 марта 1999 г.
Подписано в печать 20.06.02. Гарнитура NewtonC.
Формат 84×108$^1/_{32}$. Объем 6 п. л. Печать высокая.
Доп. тираж 12 000 экз. Заказ № 654.

Налоговая льгота — общероссийский классификатор продукции
ОК-005-93, том 2 — 953000

Издательская Компания «Невский проспект».
Адрес для писем: 190068, СПб., а/я 625.
Тел. (812) 114-68-46; тел. отдела сбыта (812) 114-02-88,
факс (812) 114-44-70. E-mail: sales@nprospect.spb.ru, np_red@trade.spb.ru

Отпечатано с фотоформ в ФГУП «Печатный двор»
Министерства РФ по делам печати, телерадиовещания
и средств массовых коммуникаций.
197110, Санкт-Петербург, Чкаловский пр., 15.

Общее напутствие

Открывая эту книгу, вы получаете шанс навсегда изменить свою жизнь, вступив на новую ступень эволюции. Вам откроются истинные причины здоровья, болезни, поступков и человеческой судьбы.

Вы станете свободными от влияния великих энергетических паразитов, правящих остальными людьми и толкающих их на самоубийственные поступки. Помните, что вы не должны причинять непродвинувшимся людям вреда. Отнеситесь к ним со вниманием и помогите.

Для вас будут доступны вещи, немыслимые для обычных людей. Не растрачивайте свои силы понапрасну в погоне за суетными достижениями. У вас великая цель — открытие нового мира и поиск своего места в нем.

Вы обретете способность исцелять, и этот дар придет к каждому своим путем. Употребите его во благо. Помогайте бескорыстно.

Ваша душа пройдет процесс укрепления, и вы сможете вести за собой других людей. Принесите им свет и радость, а не тьму и боль.

Вы перестанете зависеть от кармы и кармических болезней. Помогите достигнуть того же другим.

Вы будете владеть истинным инструментом изменения мира — верой. Пусть ваша вера принесет добро не только вам.

Чтобы пройти весь путь до конца, вам может потребоваться помощь. Обретите ее в таких же, как вы, путниках. Узнавайте друг друга в толпе. Учитесь друг у друга. Помните друг друга.

Взойдя на новую ступень развития, вы будете частью нового энергетического единства, единства свободных людей. Оказывайте друг другу поддержку. Помните друг о друге и делитесь друг с другом энергией, потому что цена свободы велика и подчас не под силу одному.

Помните о нас, кто первыми вступили в новый мир. Мы фокусируем новое энергетическое единство для вас. Обращайтесь к нам в трудную минуту, и мы придем на помощь. Обращайтесь к нам в минуту благоденствия, и мы сможем прийти на помощь миллионам других. Смерти нет. Мы отзовемся и из-за грани.

Ощутите связь со мной, автором этих строк. Я жду этого. Просите о помощи и помогайте мне.

Прибавьте к свету нового энергетического единства свои лучи.

Создайте новое свободное человечество. Вы заслуживаете этого.

Данная книга является второй в серии книг, предлагающих читателю уникальную систему ДЭИР — дальнейшего энергоинформационного развития, — разработанную группой российских исследователей еще в прошедшем десятилетии и в обстановке строжайшей секретности. До поры до времени эта система не могла найти дороги к широкому читателю: для многочисленных вождей народных масс — политиков, чиновников высшего ранга вплоть до руководителей страны — всегда было невыгодно, да что там невыгодно, просто опасно давать хотя бы намек на подлинную свободу гражданам государства, отданного власти на разграбление. Ведь истинная свобода — свобода внутренняя, а не внешняя, не показная, не та, которая декларируется насквозь лживыми конституциями. Истинная свобода — это свобода духа, свобода мыслей и поступков. Человек, овладевший этой свободой, идет в жизни своим путем, обретает свой, индивидуальный смысл жизни и делает только то, что нужно именно ему, а не то, чего от него ждут окружающие. А правителям всех мастей, всех времен и народов, конечно же, куда приятнее руководить марионетками, стадом, толпой слепцов, которые пойдут туда, куда им укажет руководящая и направляющая рука.

Именно поэтому исследования, выявляющие истинную природу мира — энергоинформационную, исследования, открывающие человеку дверь в этот истинный мир, сулящий истинную свободу, во всех государствах Земли держатся в большом секрете. Да, во всех уголках земного шара ныне существуют секретные лаборатории, исследующие энергоинформационную сущность мира и человека — но большинству людей о деятельности этих лабораторий ничего не известно. Между тем именно Россия в этом отношении преуспела гораздо больше других государств. Мы совершили настоящий прорыв в постижении загадок мироустройства! Но от представителей официальных властей вы об этом никогда и ничего не услышите.

К одной из таких секретных лабораторий имел отношение и автор этих строк. И сегодня я могу со всей ответственностью заявить, что итогом многолетних изысканий стали колоссальные результаты, из которых самый главный — разработка уникальной, не имеющей аналогов в мире, но вместе с тем простой и доступной для большинства людей системы достижения здоровья, благополучия, избавления от неудач и невезения путем перехода на новую ступень эволюции — системы ДЭИР.

Сегодня пришла пора донести эти знания до как можно более широкого круга людей — людей ищущих и готовых к восприятию этих знаний. Я понимаю, что сообщить результаты наших исследований — мой профессиональный и человеческий долг. Ведь человечество сегодня на грани пропасти. Ему грозит катастрофа, результатом которой может стать полное исчезновение человека с лица Земли. И к этой катастрофе люди подвели себя сами — следуя по ложному пути в погоне за ложными целями.

Именно поэтому пришла пора снять гриф секретности с системы ДЭИР. Она может и должна помочь человечеству выжить. Ведь она направлена на то, чтобы человек прозрел, увидел свое истинное предназначение, сбросил оковы, налагаемые на него патологически ориентированным человеческим сообществом и энергоинформационными паразитами, правящими современным миром. Только в этом — путь к спасению, к здоровью, к избавлению от чумы XX века СПИДа, от экологической катастрофы, от социальных катаклизмов, путь к гармонии с миром.

Система проверена автором и его соратниками на себе. Результаты — потрясающие. Самые положительные изменения в состоянии тела и души происходят очень быстро, можно сказать, лавинообразно. Моя совесть не позволяет мне продолжать и далее пользоваться столь эффективной системой в одиночку или в компании с двумя-тремя единомышленниками. Ни в коей мере не претендуя на роль пророка и спасителя человечества, я хочу показать своим читателям проверенные на практике пути выхода из тупиков, в которые попадают сегодня все люди без исключения, — тупиков, связанных с болезнями, несчастьями, проблемами — как всего общества, так и своими собственными.

Все то, о чем мы говорили в предыдущей книге, — это только основа, первые шаги на пути освоения системы ДЭИР. Я обещал своим читателям продолжение — и выполняю свое обещание, ибо не могу бросить инициированных мною Учеников на полпути. Я ощущаю ответственность за них и чувствую связь с ними. Знакомые с материалом книги предыдущей понимают, что „чувствую" — это значит именно чувствую, причем ясно и отчетливо. Я готов откликнуться на зов, прийти на помощь каждому. Нам теперь не обязательно встречаться лично, знакомиться и общаться при помощи слов или других принятых в человеческом сообществе способов. Я благодарю всех читателей моей первой книги. Мы составляем особый вид сообщества — энергоинформационное сообщество единомышленников.

Буду рад, если нас, таких единомышленников, станет еще больше. Ведь тогда мы сможем протянуть руку помощи еще большему количеству ищущих, сможем помочь вырваться из сковывающего плена болезней и невзгод миллионам людей!

Читатели моей первой книги могут по праву называть себя моими Учениками. Благодаря усвоенному ими методу они уже очень сильно отличаются от обычных людей. Они научились управлять своей энергией и не зависеть от воздействий чуждой энергетики. Они освободились от влияния социума и господствующих над социумом гигантских энергоинформационных паразитов, которые высасывают из людей-марионеток все силы, заставляя их плясать под свою дудку. Они восстановили свою защитную энергетическую оболочку. Они обрели свободу мыслей и поступков.

И теперь перед ними неизбежно встает вопрос: что дальше? Вот мы освободились от воздействия общества — и что же теперь, стать кошкой, гуляющей самой по себе, или свободным, но голодным художником, или бродячим хиппи? Извечный вопрос: мне вчера дали свободу, что я с ней делать буду?

Самый простой путь — и обычный для большинства людей, случайно вырвавшихся за грань, — вернуться в тюрьму. Ведь там кормят — пусть баландой, но от голода не умрешь, и крыша там над головой не течет, и не надо думать, куда идти, что делать, чем заняться. Все заранее решено за тебя. Привыкшему к тюрьме человеку жить так проще и легче.

Часть читателей первой книги, может быть, так и поступили — подумали: да зачем мне эта свобода, слишком она пугающая, неопределенная, непонятная. Если кто-то пока не готов к свободе, если кого-то она страшит — ну что же, силком мы, конечно, никого не потащим. Но если у вас сейчас в руках эта, вторая книга, значит, вы не из тех, кто готов терпеть заключение ради сомнительной кормежки и совсем не радостной видимости покоя и благополучия. Вы готовы идти дальше! А я покажу вам те вехи, по которым нужно ориентироваться, чтобы не заблудиться и не утонуть в бескрайнем море свободы.

Следуя по этому проложенному пути, вы сможете выйти к свету, к радости, к здоровью, к удаче, к подлинному счастью. И вы увидите, что вам вовсе не обязательно при этом менять свой социальный статус и отказываться от привычных жизненных благ. Более того, этих благ у вас станет еще больше. Системой ДЭИР предусмотрено не только помочь вам выйти к свободе, но и научить, как полноценно и насыщенно жить в состоянии свободы. Жизнь на воле, вне тюрьмы — это на самом деле вовсе не страшно и не трудно, а очень легко и радостно. Нелегко бывает только первопроходцам, они идут в одиночку и наугад. Ну что же, этот путь уже проложен нашей исследовательской группой. Раньше по нему могли идти единицы, теперь он открыт всем желающим, всем ищущим. Ищущий — обрящет. Удачи!

Глава 1

Новый этап: полное раскрытие возможностей

Прочитав первую книгу и усвоив изложенные в ней методы, вы научились грамотному обращению со своей энергетикой. Вы умеете замечать энергетические воздействия со стороны и защищаться от них. Вы можете оценить состояние энергетики других людей. Вы научились освобождаться от патологических связей. Вы действительно сделали уже очень много. Но ваш путь к свободе далеко не завершен. Может быть, вы и сами это чувствуете — есть определенный внутренний дискомфорт. Это означает, что пришло время продолжать обучение. Впереди вас ждет новый этап. Теперь вам необходимо научиться грамотно формировать свои новые цели и устанавливать внутри себя программы на удачу, благополучие, везение, здоровье, уверенность, гармонию с миром и свободу. Также вам необходимо начинать работать с кармой. Всем этим мы и займемся в данной книге.

Итак, вернемся к тому состоянию, в котором вы сейчас находитесь, а именно к некоторому внутреннему дискомфорту. Уверен, что не ошибусь, если скажу: вы сейчас на распутье, дорогой читатель. Может быть, вы даже чувствуете, что потеряли почву под ногами и как бы подвешены между небом и землей? Раньше все было просто и понятно: куда идти, что делать и как себя вести. Теперь вы в растерянности: кто я? где я? зачем я? И что мне в самом деле нужно?

Не пугайтесь: все это естественно. Система ДЭИР, как я уже говорил, проверена на практике, и все нюансы состояний человека, идущего по этому пути, известны автору не понаслышке. Если вы сейчас в некоторой растерянности и смятении духа — рад за вас: вы идете верным путем.

Разберемся в том, что произошло. Вы избавились от влияния великих энергоинформационных паразитов, управлявших вами, распоряжавшихся вашей жизнью по своему усмотрению и диктовавших каждый ваш шаг, каждое действие. Теперь на вас не воздействуют программы, по которым вы жили раньше. Узник вышел из своей тюрьмы. Прежний тюремный распорядок его жизни над ним уже не властен. А нового распорядка пока нет. И свобода пока не радует, потому что воспринимается не как свобода, а как пустота и неприкаянность. Если раньше все за тебя решало тюремное начальство, то теперь надо все решать самому, и только от тебя самого зависит, какой будет дальнейшая жизнь. Очень непростой момент в жизни бывшего узника, согласитесь.

Примерно то же сейчас происходит и с вами. На вас больше не распространяется влияние чужих программ, диктующих, как жить. Вы теперь не зависите от непрестанных чуждых патологических воздействий на вашу судьбу, здоровье, на события вашей жизни. Теперь все это зависит только от вас самих. Но что с этим делать, как этим управлять и как вообще с этой свободой жить? Пока вы этого не знаете. А управлять-то этим надо и жить с этим надо грамотно и умело, иначе жизнь превратится в хаос, и вас будет, как пушинку, носить из стороны в сторону. А там, глядишь, такую неуправляемую пушинку снова подцепит на крючок какой-нибудь энергоинформационный паразит. И вот уже снова — тюрьма. И тогда снова ваше здоровье, удача, финансовое благополучие начнут зависеть не от вас самих, а от того, какое количество земных благ решит вам выдать энергоинформационный монстр в обмен на ваши услуги и энергию.

Теперь вам, надеюсь, понятно, почему нельзя останавливаться на достигнутом в своем движении и развитии. Кто остановился — тот упал. На месте без движения вам долго простоять не удастся — неминуемо последует откат назад.

Поэтому на данном этапе вашего развития я советую подготовиться к весьма активному продолжению пути. А для этого вам придется сначала как следует оценить ситуацию и положение дел, внимательно приглядевшись и прислушавшись к самому себе, к своему состоянию и внутренним ощущениям. Что происходит сейчас с вами? В этой главе мы займемся анализом и беспристрастной оценкой.

СВОБОДА — НЕПРОСТОЙ ДАР

Итак, вы получили знания, опыт и навыки первой ступени системы ДЭИР. Ваши отношения с окружающим миром изменились. Как именно они изменились? Объективно — к лучшему. Но вы пока этих улучшений не замечаете. Вам пока, может быть, даже кажется, что эти изменения — не к лучшему. Вы и в самом деле теперь не поддаетесь психологии толпы, вас не так-то просто втянуть в какие-то массовые акции и мероприятия, а также разборки, выяснение отношений и прочие междоусобицы. Ваше состояние и настроение больше не зависят ни от того, что говорит о вас соседка тетя Маня, ни от того, сколько нынче стоят колготки или бутылка коньяка, ни от политики правительства, ни от курса доллара. Вы — сам себе (и своего настроения) хозяин. Казалось бы, чего еще желать?

Но — что это? Никак вы становитесь белой вороной? Ведь окружающие перестают вас понимать. Они плачутся на жизнь, а вы только посмеиваетесь. Они злятся, считают вас жестокосердным и нечутким. Помните: несмотря ни на что, вы должны быть уверены в своей правоте. В самом деле, не можете же вы расстраиваться из-за такой не имеющей никакого значения материальной ерунды, из-за которой вечно расстраиваются они. В конце концов, вы знаете о жизни и об истинной природе вещей гораздо больше, чем окружающие вас люди.

Но, однако, вы выбились из общей стаи и пока еще не нашли себе подобных, вы больше не маршируете в ногу со всеми, вы — в одиночестве. Да-да, страх одиночества и чувство неприкаянности — неизбежные спутники данного этапа вашего развития.

Если вы в детстве были в пионерском лагере и хоть раз убегали оттуда, вы можете очень ярко и наглядно представить себе то, о чем я говорю. Первое чувство во время бегства — эйфория. Я свободен, я на воле, вдали от этих нудных вожатых, которые уже всех достали своими нравоучениями: надо вовремя ложиться спать, нельзя громко орать, запрещено оставлять еду на тарелке... А теперь можно орать сколько хочешь, носиться как угорелый и не есть вообще ничего. Вот оно, долгожданное счастье!

Но вот беда — эта первоначальная эйфория быстро проходит. И подсознательно нашего свободолюбивого пионера начинает что-то мучить. Какое-то смутное беспокойство появляется. Вот уже и вечер близится, вот и смеркаться начинает, да и дождик стал накрапывать — и в лесу становится как-то зябко, тревожно, неуютно. А там, в лагере, все сидят в теплой столовой и уминают на ужин традиционную противную кашу... Скоро протрубят отбой... А каша-то хоть и отвратная, но зато можно вволю покочевряжиться перед вожатыми, изображая отсутствие аппетита, можно получить за это дежурный втык, а потом, перед сном, покидаться подушками с ребятами, а ночью намазать девчонок зубной пастой. Все распланировано, вся ясно и понятно, все привычно и известно. А здесь, в лесу, что? Свобода? Это не свобода, это ужас!

И вот уже горе-беглец несется обратно в лагерь, кается и разыгрывает сцену под названием «Возвращение блудного сына».

Примерно то же самое происходит и с человеком, уволившимся с опостылевшей работы. Сначала его охватывает восторг, и какое-то время он пребывает в возбужденно-радостном состоянии: больше не надо вставать в шесть утра, не надо штурмовать переполненный вагон метро, не надо тоскливо отбывать восемь часов в присутственном месте. Вместо всего этого можно заняться множеством любимых дел — книжки читать, вышивать салфетки, ходить за грибами. Да разве мало на свете интересных занятий? Но через некоторое время дает о себе знать эффект «американской горки»: из эйфории человек скатывается в депрессию. Оказывается, ни одно из любимых занятий его больше не радует, потому что жизнь его потеряла былую заполненность. Но заполненность-то эта была лишь внешней — ее формировали внешние обстоятельства: необходимо было вставать ни свет ни заря, ехать на работу, сидеть там до обеда, потом идти в столовую, потом снова сидеть за столом до конца рабочего дня, в шесть часов вставать и ехать домой. Человек не задумывался над тем, что во всех этих механических передвижениях не было никакого внутреннего смысла — смысла для личного, собственного развития этого человека. Смысла не было, но иллюзия заполненности была. Жизнь была заполнена извне навязанным человеку порядком вещей. Когда из нее убрали эту внешнюю схему, оказалось, что заполнить свою жизнь изнутри — собственным душевным содержанием, собственными целями, задачами и поступками — человек не может. Он не готов к этому, потому что по-настоящему глубокого и серьезного внутреннего содержания у него нет! И вот он уже снова спешит устроиться на ненавистную работу, снова жаждет вписаться в какую-то схему, только чтобы не оставаться наедине со своей внутренней пустотой.

Мы с вами должны этой ошибки избежать. Поэтому сейчас перед вами стоит задача — самому заполнить себя изнутри. Ваша задача номер один на данный момент — избежать возвращения в навязанные социумом стереотипы жизни. Но как и чем заполнять себя? Существуют два возможных пути.

Путь первый. Предположим, что человек оказался на воле. Он научился не зависеть от социума. Социум больше не затягивает его в свои сети, но и не вознаграждает ничем. А человеку и не надо ничего. Он становится Диогеном и начинает жить в бочке. Он расслабляется на теплом морском берегу, предается своим радостным размышлениям и больше ничего от жизни не хочет. Он становится философом — просветленным, мудрым, одиноким и... голодным. Путь этот хорош — для Диогена. Но не для нас с вами. Для нас с вами, живущих на рубеже XXI века, уйти в сторону от жизни и от процесса преобразования человечества слишком большая роскошь.

Путь второй. Человек, получив свободу, поначалу теряется — до такой степени, что едва удерживает себя от желания рвануть обратно в тюрьму, но потом успокаивается, берет себя в руки, мобилизует свои внутренние ресурсы, соображает, чего же он хочет от своей свободы, и, сообразив, зарабатывает кучу денег и женится на принцессе. Это я, конечно, немного утрирую. Но если серьезно, моя позиция состоит в следующем: заслуженная свобода — это дар драгоценный, но, получив эту свободу, не стоит становиться ни неухоженным хиппи, ни голодным заброшенным философом-самоучкой. Получив свободу, надо заполнить себя и свою жизнь изнутри своими истинными устремлениями, желаниями, целями и задачами, которые приведут к вашим собственным, а не навязанным извне, истинным действиям. Таким образом, мы сохраняем внутреннюю свободу, но при этом уходим от состояния неприкаянности, заброшенности и одиночества — и получаем все блага и все дары, которые может дать нам свобода.

Но для этого вам придется освоить весьма хитрую, но и невероятно увлекательную штуку — умение получать от жизни все, что вам необходимо, не впадая от этого необходимого в зависимость. Получать все жизненные блага, как бы и не желая этого, сохраняя полную внутреннюю свободу. Научившись желать, не желая, вы получите все, что вам нужно, и даже больше. Помните, мы говорили об этом в первой книге: желая вылечиться, надо отдавать свою энергию энергоинформационному полю, а не врачам и поликлиникам, которые, скорее всего, ничего не дадут вам взамен. Так же и здесь — желая заработать деньги, надо отдавать свою энергию не деньгам и не работодателям, а своей энергоинформационной сущности, энергоинформационному полю. Вспомните, как часто с вами такое бывало: вы получали желаемое лишь в тот момент, когда переставали этого желать. Вот такие всем знакомые ситуации. Девушка очень хочет выйти замуж, прилагает к этому все усилия, обращается к свахам и в бюро знакомств, но ничего не получается. Но как только она плюнула на это, как ей казалось, безнадежное дело, поставила на себе крест, смирившись со статусом старой девы, — женихи тут как тут. Или: безработный ищет работу, ходит по отделам кадров, страшно нервничает, потеет и напрягается, но всюду получает от ворот поворот. Но вот он сказал себе: да гори все огнем, не берут и не надо, — а потом просто так, от нечего делать, ни на что уже не надеясь, вальяжно и расслабленно зашел в очередной отдел кадров... И что же? Ему предложили работу, да не лишь бы какую, а хорошо оплачиваемую, и еще уговаривали при этом, а он позволили себе поломаться, набивая цену. Такие вещи происходят сплошь и рядом. Это — закон жизни. Как только человек перестает чего-то страстно желать, полагаясь на волю случая, — он перестает отдавать свою энергию материальному миру и начинает отдавать ее миру энергоинформационному, где обитают случай, судьба и прочие тонкие субстанции, от которых на самом деле зависит наша жизнь.

И все же в первую очередь вам придется разобраться вот в чем: что же вам на самом деле нужно? Это не так просто, как может показаться на первый взгляд. Как это ни странно, люди часто сами не знают, чего они хотят, и не понимают, так ли уж им необходимо то, к чему они стремятся. В этой главе мы займемся и этим тоже — будем подробно разбираться в том, что такое цели ложные и цели истинные.

Итак, я обрисовал в общих чертах состояние, характерное для человека, прошедшего первую ступень системы ДЭИР. Теперь более конкретно проанализируем все особенности данного этапа вашего развития.

ОСОБЕННОСТИ НОВОГО ЭТАПА — ПОЛНОЕ ОВЛАДЕНИЕ СИТУАЦИЕЙ

Потребность в истинном желании

Первая особенность: вам в руки теперь ничего не идет само по себе, и надо учиться самостоятельно определять, что именно вам нужно. И не только определять, но и добывать это нужное самостоятельно.

Что было с вами раньше? Допустим, вам удавалось зарабатывать какие-то деньги — не так чтобы много, но концы с концами сводили. Не исключено, что сейчас вы лишились даже этих небольших доходов и уже поспешили разочароваться в предложенной в первой книге системе: вот, мол, обещали златые горы, а в итоге и последнее оказалось отнято. Еще раз повторяю: не волнуйтесь. Все естественно. Вы сейчас лишились прежнего способа получения жизненных благ, а новый вам еще только предстоит освоить.

В чем состоял этот прежний способ? От вас, теперь вы можете признаться честно, ничего не зависело. Все зависело только от социума и от властвующих над ним энергоинформационных паразитов. Какому-то из этих паразитов нужны были вы — как пешка, которую он мог использовать в какой-то своей игре. Допустим, вас надо было использовать для участия в конфликте в каком-либо коллективе — как вы знаете из первой книги, именно в конфликтах и столкновениях энергоинформационный монстр находит самое «вкусное» для себя «питание» в виде негативной человеческой энергии. Такой энергоинформационный паразит любезно подсовывает вам рабочее место во взрывоопасном коллективе и устраивает такой поворот событий, чтобы именно вы стали той искрой, из которой возгорится пламя. С вашим приходом начинается скандал — вроде бы и не вы его непосредственно затеяли, но вы становитесь своеобразным катализатором конфликта. То ли вы чье-то место заняли, то ли в вас видят конкурента — так или иначе, но буря разразилась, и все друг с другом переругались. Монстру хорошо и вкусно, а вы получаете за свои «труды» (вернее, за то, что дали себя использовать) скромную зарплату.

Так могло быть с вами раньше. Но теперь вы все знаете об энергоинформационных монстрах и о том, как не попадаться к ним на удочку. Значит, энергоинформационный паразит обойдет вас стороной и поищет себе более легкую добычу. И ту самую работу, и те самые деньги он предложит кому-нибудь другому.

Порадуйтесь же этому. Вам больше не подкидывают подачек прожорливый энергоинформационный монстр и не менее прожорливый агрессивно настроенный социум. Зато и вы свободны от этих паразитов и не обязаны отдавать им свои силы и энергию. Вы свободны делать то, что нужно вам, а не им. Научитесь только одному: ничего не ждать от окружающего мира. Освоив методы, предлагаемые в этой книге, вы научитесь добывать все необходимое исключительно при помощи своих сил. А силы эти у вас теперь есть, значит, вам действительно удастся получить все, что нужно. Это не значит, что вы теперь должны с бешеным напором и с наскока вырывать у жизни все ее блага. Лобовые атаки ни к чему хорошему не приводят. Помните, мы уже об этом говорили: не надо очень сильно желать, надо немного отпустить ситуацию, дать ей свободу разрешиться самой. Вы должны стать гораздо более чуткими ко всему, что происходит вокруг и, конечно, в самом себе. Надо просто ждать, когда ситуация сложится благоприятным для вас образом. А это обязательно произойдет! Если вам что-то нужно — денежная работа, например, — тщательно разведайте обстановку вокруг себя на предмет выявления возможностей, существующих для получения этой работы. Постоянно следите, не открылись ли какие-то новые перспективы. Если ваша цель истинная, а не навязанная извне, ситуация рано или поздно сама развернется к вам лицом. Если вы будете следовать своим истинным желаниям, то все получится как бы само собой. Все, что от вас требуется, — это только оказаться в нужное время в нужном месте.

Постарайтесь уловить разницу: это не значит, что вы должны сидеть и ждать, ничего не предпринимая. Сидеть и пассивно ждать неизвестно чего — это как раз и означает ожидать подачек от социума. Вы должны четко знать, чего вы ждете и что вы хотите, и по возможности делать шаги в нужном направлении. Поговорка «Не было бы счастья, да несчастье помогло» — не для нас с вами. Мы ведь учимся быть хозяевами своей судьбы, своего счастья и несчастья, а не рабами их. Для нас сейчас актуальнее другая поговорка: «Под лежачий камень вода не течет».

К вопросу о достижении целей и о целях ложных и истинных: приведу пример, опять же связанный с поисками работы (тема актуальная для многих в наше кризисное время). Один мой близкий знакомый, талантливый физик-теоретик, оказался в ситуации, когда подразделение, в котором он работал, полностью подверглось сокращению. Он начал думать о трудоустройстве. Надо сказать, что он был очень увлечен своей работой, но, наслушавшись разговоров о том, что теоретическая физика, как и вообще наука, сейчас никому не нужна, решил поискать себе применение в другой сфере. Заметим: в этот момент он попал под зомбирующее влияние социума! Если бы он не придавал значения тому плачу по науке, который льется сейчас с телеэкрана и газетных страниц, если бы он не поддался этой массовой истерии, его внутренняя энергоинформационная сущность подсказала бы ему, что он может спокойно продолжать заниматься своим любимым делом, что его знания и навыки не пропадут и будут востребованы. Но он не слушал себя, а слушал окружающих. И вот результат этого программирующего воздействия: человек утратил свои истинные цели и поддался целям ложным. Он решил, что пойдет работать в торговую фирму. Социум тут же начал услужливо подбрасывать ему всевозможные денежные варианты работы в торговой сфере. Надо сказать, что энергоинформационные паразиты, правящие социумом, всегда готовы поддержать человека, вступившего на ложный путь, и постоянно подталкивать его по этому неверному пути к полной гибели.

Что тут началось в жизни моего приятеля! Целый год его жизнь была сущим адом. Он метался с одного места работы на другое, и везде ему было плохо. В первой фирме он, человек по своей сути неконфликтный, насмерть разругался с начальством и был со скандалом выдворен. В другой фирме обнаружилась крупная недостача, и виноватым объявили его, хотя он был абсолютно ни при чем. С трудом удалось избежать судебных разбирательств, но, чтобы покрыть недостачу, он разорил и свою семью и всех родственников и стал жить буквально впроголодь. Чтобы как-то прокормиться, мой герой, с его золотой головой, работал даже грузчиком. Еще в одной фирме он не смог спокойно смотреть, как воруют, как надувают клиентов, — ушел сам. И так целый год!

В конце концов мой знакомый решил прекратить свои безумные попытки сменить образ жизни и профессию. У него хватило сил и мужества уволиться с работы, где все ему претило, — уволиться, что называется, в никуда. Чтобы потом спокойно сесть и подумать: а чего же я в самом деле хочу? И выяснилось, что для него совсем не важно все то, что было важно для людей, в среде которых он вращался целый год: ни бешеные деньги, ни обилие на столе деликатесов, ни фирменные шмотки, ни евроремонт в квартире. В быту он оказался очень скромным человеком, и ему были ни к чему все те блага, какие давала работа в торговле.

А в глубине души наш физик хотел совсем другого. Он знал о существовании одной лаборатории, где он явно был бы на месте и где ему хотелось бы работать. Но он не смел даже подумать об осуществлении этой мечты. Будучи человеком чрезмерно скромным и даже с несколько заниженной самооценкой, он услышал (опять же из каких-то внешних посторонних источников, нет чтобы проверить самому), что этой лаборатории непременно требуется доктор наук, а он был всего лишь кандидатом.

И все же мой знакомый по крайней мере осознал, чего он на самом деле хочет — осознал и признался в этом самому себе. И уже сам этот факт осознания стал очень важным шагом на пути продвижения к его истинной цели! Несмотря на то что предпринять что-либо конкретное для достижения этой цели он так и не решился. Вместо этого он начал рассуждать, как ему казалось, «здраво, трезво и логически»: «Туда меня вряд ли возьмут, поэтому я попробую устроиться в негосударственный вуз, где требуется преподаватель. Конечно, это не совсем то, точнее, совсем не то, но что делать, время такое, надо идти на компромиссы». Чувствуете эту несвободу от общественного мнения? Это опять была ошибка. Но все же свою истинную цель и желание он осознал и определил верно. И это был плюс. Плюсом оказалось и то, что он не стал с танковым напором штурмовать определенную им цель, а вместо этого, наоборот, даже попытался уйти от нее в сторону.

И вот какая забавная вещь из всего этого в конце концов получилась. Пошел он в это самое негосударственное учебное заведение, где требовался преподаватель. И — о ужас! — заблудился в родном и хорошо знакомом городе! Как будто ноги помимо его воли не хотели нести его туда, а топали прямо в противоположном направлении. Каково же было его удивление, когда он внезапно обнаружил, что стоит перед дверью той самой вожделенной лаборатории.

Ничего не осталось, как тяжело вздохнуть, сказать «это судьба» — и войти.

На работу его приняли сразу, хотя он пришел, что называется, с улицы и не был доктором наук. Оказалось, руководитель лаборатории был знаком с некоторыми его научными публикациями и давно его персоной интересовался.

Вот так энергоинформационное поле помогает осуществлению истинных целей. Вот так ситуация сама развивается в пользу человека, определившего свою истинную цель. Но для этого надо сделать самому хотя бы шаг в истинном направлении — хотя бы понять, чего вы на самом деле хотите.

Сейчас мой знакомый увлечен своей работой, как никогда прежде. Он обрел подлинное дело своей жизни. Кстати, недавно защитил докторскую диссертацию.

Итак, чтобы получить от мира что-то (а вы можете получить все, что вам надо), вам надо определить истинные ваши желания — те желания, которые возникают внутри вас, а не те, которые приходят откуда-то извне. Когда вам показывают разрезанный лимон и от этого зрелища у вас течет слюна — это реакция на внешнее воздействие. Когда вы увидели у приятеля красивую машину и вам захотелось такую же — это тоже реакция на внешнее воздействие, а вовсе не истинное ваше желание. Именно так живет обычный человек: он движется в жизни не от цели к цели, а от приманки к приманке. Увидел у друга костюм от Версаче — «И мне такой же надо!». А почему надо? Да потому что у всех «крутых» он есть! «У всех вилла на Средиземноморье, а у меня нет — значит, я неудачник. У всех машина — и я хочу». Вам нравится такая рабская, несамостоятельная, зависимая жизнь? Думаю, что нет, иначе вы не читали бы эту книгу. Мне тоже не нравится. Поэтому мы с вами и встретились за освоением системы ДЭИР. А обычный человек живет по-другому. Он не спрашивает себя: а что мне надо? Он как ребенок: видит игрушку у другого и хочет такую же. И вот купил такой большой ребенок машину, сел за руль, поехал — и разбился. А ведь не нужна была ему на самом деле эта машина. Он случайно прихватил это желание от какой-то внешней структуры, от других людей. А не прихватил бы — был бы жив.

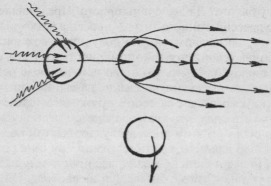

Рис. 1. Векторы желаний людей, захваченных влиянием энергоинформационного паразита, не совпадают с вектором желания свободного человека.

Но не будем о грустном. Мы с вами уже защищены от таких случайных прихватываний всего, что плохо лежит на дороге. Нам ни к чему ненужный хлам, даже если этим хламом пользуются все вокруг без исключения. Мы в состоянии сами определить, что нам действительно нужно, сами сформировать собственные желания и сознательно открыть в себе возможности для их достижения.

Чтобы получать от жизни все, что необходимо, чтобы вам сопутствовала удача, нужно научиться определять собственные истинные желания, потому что они являются центральным элементом жизненно важных для вас программ на удачу и везение.

Потребность в эффективности действий

Вторая особенность: совершаемые вами действия, которые раньше приносили эффект, теперь вдруг стали неэффективны. Но вместе с тем и случайные промахи, ошибки, действия, которые еще совсем недавно были нежелательными и вызывали закономерные негативные последствия (наказание, расплату), теперь стали оставаться без последствий. То есть в ответ на ваши действия, которые раньше влекли за собой либо поощрение, либо наказание, теперь не следует ровным счетом ничего!

Почему бы это? Да все очень просто. Представьте себе циркового дрессированного тигра. Он всегда четко знал: если встать на задние лапы, можно получить кусок мяса. Он очень хорошо усвоил эту закономерность за годы своей службы в цирке. Для него это стало чем-то вроде основополагающего закона жизни: вставание на задние лапы (причина) неминуемо влечет за собой кусок мяса (следствие). А еще этот тигр знал, что если зарычать и огрызнуться на дрессировщика — за этим последует удар хлыстом по лапам. Это тоже стало для него законом жизни: причина рождает следствие, иначе и быть не может, все просто и понятно.

Но вдруг такой тигр оказывается на свободе. Он хочет есть и по привычке встает на задние лапы. Он же знает, что за этим обычно следует еда! Но что такое? Никакой еды нет! Никто не дает куска мяса. Привычный закон перестал работать! Тигр рычит, огрызается — но и по лапам его никто больше не бьет! Оказалось, что свобода — это когда нет привычных поощрений, но нет и привычных наказаний.

Для дрессированного тигра такое положение дел означает крушение мира. Вот и для вас сейчас рухнул прежний привычный мир. Теперь надо привыкать к новым законам нового мира, учиться жить в нем заново.

Раньше все, что мы делали, мы делали по заказу со стороны «дрессировщика», то есть энергоинформационного паразита. И на каждое наше действие этим «дрессировщиком» был предусмотрен ответ — в виде поощрения или наказания. Теперь ответов нет — ни положительных, ни отрицательных. То есть когда мы действовали в рамках процесса, организованного и поддерживаемого извне, нас непрерывно что-то подталкивало к действию. А последствия этих действий обязательно тут же давали о себе знать — они не затухали и не исчезали, а наоборот, даже раздувались, как сплетня среди дворовых старушек. Например, увидели вас эти дворовые блюстительницы нравственности со случайной спутницей, а на следующий день до вас донеслась ничего общего не имеющая с реальностью захватывающая история о ваших взаимоотношениях с этой дамой, а также чудовищный слух о том, что вы в десятый раз женитесь, оставляя сиротами пятерых детей. Вот так же и последствия ваших действий возвращались к вам в колоссально раз-

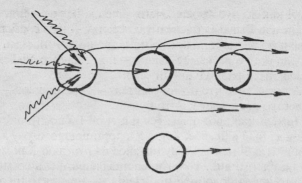

Рис. 2. Поток событий, поддерживаемый энергоинформационным
паразитом, стократно плотнее естественного.

дутом виде. За незначительное, казалось бы, для вас, но вы-
годное для энергоинформационного паразита действие вы
получали кусок хлеба с маслом и икрой, за невыгодное —
все что угодно, вплоть до повестки в суд.

Теперь мы с вами вырвались из рамок любых общест-
венных процессов, организованных энергоинформационными паразитами. Мы — сами по себе. Вот почему действия, которые раньше приносили результаты, теперь как будто тают, уходят в песок без всяких последствий.

Мой близкий друг, профессиональный автор-исполни-
тель популярных песен, имел успех и известность, разъез-
жал с гастролями по стране, собирал полные залы, получал
неплохие гонорары. Но его мучили некоторые болезни,
тяготили семейные неприятности, да и какое-то чувство
неудовлетворенности не покидало. В общем, ум метался,
дух томился. А потому систему ДЭИР он воспринял с вос-
торгом и с энтузиазмом начал ее осваивать. Очень быстро
достиг больших успехов. Жизнь его обрела новые краски,
неприятности начали восприниматься легче, а потом и вовсе как-то растворились, дела со здоровьем пошли лучше...
И все бы хорошо, если бы не одно обстоятельство. Один
раз мой друг пришел ко мне, чтобы поделиться своими
сомнениями.

— Знаешь, Дмитрий, я и тебя, и твою систему очень
уважаю. Но ничего понять не могу, такие странные вещи со
мной происходят. Раньше все мои песни воспринимались

на ура. Я как-то чувствовал, чего народ хочет от меня, что ему требуется. Выдавал очередную песенку — и ее сразу раскручивали по радио и на концертах хорошо принимали. Теперь вроде все то же самое делаю — но никакого эффекта. Народ какой-то равнодушный стал.

— А когда тебе что-то не удается, — спрашиваю, — тогда общество реагирует как-нибудь?

— Тоже никак, вот в чем вся и штука! Ты помнишь, какой скандал был в прессе, когда я в позапрошлом году провалился в Челябинске? Раздули такое из пустяка! Как меня только не клеймили... И ты представляешь, ведь со мной только что нечто подобное произошло — но никто ни звука, как будто не заметили. У меня такое ощущение, что я стал каким-то... прозрачным, что ли. Меня перестали замечать, на меня перестали реагировать! Дмитрий, это ужасно. Я теряю популярность. Помоги!

— Успокойся, — говорю, — популярность у тебя будет еще почище прежней, это я тебе гарантирую. Если ты, конечно, поймешь одну вещь. Раньше ты плясал под дудку энергоинформационного паразита. «Вы хотите песен — их есть у меня», — говорил ты и выдавал народу то, что от тебя требовали. Получал денежки и безбедное существование. Выдавал не то, что требовали, — получал скандал и осуждение. Пойми, ты теперь не должен плясать ни под чью дудку. Ты ведь, извини уж за откровенность, жил по принципу «чего изволите-с?». Теперь пришла пора ощутить себя свободным. Ты теперь сам можешь быть законодателем вкусов. Не ты должен равняться на толпу, а она на тебя. Чего ты сам-то хочешь петь, играть — какую музыку?

Он задумался.

— Ты знаешь, есть у меня в загашнике пара песен... Всю душу в них вложил. Что называется, для себя писал, в стол, не по заказу. Но как-то боюсь я это на публику выносить. Народ не поймет. Ему другое надо.

— А ты попробуй, — говорю. — Попробуй...

Он попробовал. Публика приняла сразу. Пресса сначала была осторожна, а потом все чаще в газетах стали появляться высказывания о моем друге как о талантливом и ярком поэте и композиторе, а не как об авторе банальных шлягеров. Все чаще стали звучать восторженные отзывы о

новых гранях его таланта, раскрывших поистине незауряд-
ную творческую личность.

Вывод: для того чтобы результат наших действий был
позитивным, нам надо научиться самим организовывать
свои действия. Чтобы причиной этих действий были мы сами, а не какие-то стимулы извне. Далее надо научиться самим организовывать последствия своих действий. То сеть
как бы распространять свои действия, свое влияние вовне
как можно дальше — самим порождать самоподдерживаю-
щиеся процессы, обеспечивающие нужный нам эффект.
Иными словами: вместо того чтобы плясать под чужую дудку, надо самим становиться этой самой дудкой.

Для этого нам следует научиться создавать программы
на эффективность своих действий — создавать и пользоваться ими.

Необходимость окончательного улучшения самочувствия

Третья особенность: ваше физическое самочувствие стало более или менее ровным, новые болезни не привязываются, но и старые не отстают. А хотелось бы, конечно, чтобы отстали! Хотелось бы, чтобы здоровье стало исключительным и абсолютным. Но этого не происходит.
Например, если вас вечно мучила простуженная носоглотка,
то она иногда напоминает о себе и сейчас. То же с сердце-
биением и склонностью к гипертонии. Правда, обострений
не случается. Но и полное выздоровление не приходит.

В чем причина? Благодаря тому, что вы освоили методы противодействия порче, сглазу и вампиризму, из вашего эфирного тела прекратилось откачивание энергии. Кроме того, вы практически нормализовали течение энергии
в собственном теле и убрали патологические узлы. Поэтому новых серьезных нарушений здоровья не происходит.
Но не стоит упускать из вида то, что природа тела материа-
льна, что тело — грубая, тяжелая и неповоротливая суб-
станция, все процессы в которой происходят очень медленно, гораздо медленнее, чем в эфирном теле. Сколько
оно получило повреждений за все годы вашей жизни? Ко-

нечно, эти повреждения дают о себе знать в виде отдаленных последствий.

Кроме того, не надо забывать, что человеческое тело запрограммировано природой на смерть, и от этого никуда не уйдешь. Рано или поздно тело неминуемо разрушится, так что сделать его вечным, совершенным и абсолютно здоровым вам все равно не удастся. Остается одно — развивать сознание, чтобы оно меньше зависело от тела и его несовершенств.

Существует еще одна причина вашего неидеального состояния: тело набирает энергию очень медленно (мы об этом говорили в первой книге). Не исключено, что вашему телу пока просто не хватает энергии, чтобы справиться с болезнями. В дальнейшем нам предстоит работа над улучшением и сохранением здоровья. Для этого системой ДЭИР предусмотрена программа здоровья — она направлена на то, чтобы настраивать свое тело на излечение от конкретного недуга.

Необходимость самодостаточности

Четвертая особенность: настроение у вас теперь всегда более или менее ровное. Никакие воздействия из внешнего мира теперь его и не портят, и не улучшают. Но, перестав реагировать на стимулы извне, человек может поначалу растеряться и даже затосковать, потому что он пока не научился быть самодостаточным, не стал хозяином своего настроения.

Одна из моих бывших коллег, молодая красивая женщина по имени Ольга, признавалась: до освоения системы ДЭИР ее настроение очень сильно зависело от того, позвонил ли ей некий небезразличный ей молодой человек и ждет ли ее впереди свидание с ним. Если звонка не было — она впадала в депрессию. Стоило ему позвонить и назначить встречу — она оживала, расцветала, даже работать начинала намного лучше. Весь коллектив без слов знал, что у Ольги впереди свидание. Если предмет ее обожания некоторое время не давал о себе знать, об этом тоже без труда догадывался весь отдел: Ольга ходила с кислой миной, движения ее были замедленные и вялые, работала она без энтузиазма.

Но вот она освоила первую ступень системы ДЭИР и с удивлением обнаружила, что впервые за все время их взаимоотношений звонок любимого совершенно ее не обрадовал. Впереди маячило столь желанная и радостная встреча, а она пребывала в депрессии! Это оказалось для нее потрясающим открытием. Выяснилось, что её настроение теперь зависит не от свидания, оно зависит от чего-то другого. Она начала искать это «что-то» в себе самой. И по системе ДЭИР без труда обнаружила сглаз, наведенный лучшей подругой. Избавилась от сглаза — настроение нормализовалось. Свидание прошло отлично. Но потом молодой человек пропал на неделю. А депрессии не последовало! Все это Ольга рассказывала мне с недоумением, удивлением и некоторой растерянностью. Раньше она знала, что для улучшения настроения ей нужно встретиться с любимым или, на худой конец, сходить в театр, в гости, на вечеринку, послушать музыку. Теперь все это не оказывало на ее настроение никакого влияния! И это было для нее очень странно.

Но потом она, поразмыслив, нашла свою прелесть в этой ситуации. Если настроение теперь зависит только от нее самой, точнее, от состояния ее эфирного тела, значит, она в любой момент может исправить это настроение сама, и не надо бежать ни на свидание, ни в театр. Она поняла, как это здорово — быть свободной, ведь прежняя зависимость от ее друга, как выяснилось, очень ее мучила и угнетала.

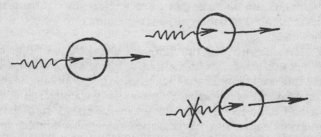

Рис. 3. Человек, освободившийся от влияния парзитической сущности, свободен и от программирующего влияния паразита.

Да, нам с вами, как и Ольге, перестали навязывать программы со стороны. Вернее, мы сами перестали этим программам поддаваться. Мы больше не зомби, чье состояние зависит от чужих навязанных схем. И это — большое достижение. Но с другой стороны, человек, лишенный таких постоянных стимулов извне (в виде чьих-то телефонных звонков, например, которые просто перестают быть «наркотиком», позволяющим поддерживать эйфорическое состояние), может поначалу расстроиться и растеряться. Предупреждаю: теряться не надо. И не надо считать, что вы утратили способность чувствовать. Именно так сначала подумала о себе Ольга: «Ах, я стала бесчувственной, меня не радует то, что радовало всегда...» Бесчувственными мы не стали. Наоборот, мы можем теперь очень остро ощущать окружающий мир, мы можем радоваться всему, чему только захотим, — радоваться беспрестанно, независимо ни от каких внешних обстоятельств.

Для этого нам только придется научиться генерировать программу на самодостаточность. Это программа поддержки своих собственных желаний и настроений, независимых от окружающих. Это также программа на уверенность в себе.

Необходимость нормализовать кармические связи

Пятая особенность: вы ощутили признаки свободы, выражающиеся в независимости вашего настроения от окружающих, но на этом фоне все же нет-нет и возникают какие-то цепочки событий, вызывающих то радость, то огорчения.

У меня лично это проявилось следующим образом. В моей семье все было более или менее гладко, а вот в семье сестры все время случались какие-то заморочки. И ладно, если бы эти неприятности никак не касались меня, так не тут-то было. То посреди ночи сестра, спасаясь от разъяренного мужа, ко мне в дом, зареванная, в истерике, врывается. То она решает уехать на неделю в другой город к подруге, а ребенка (надо сказать, весьма капризного и изба-

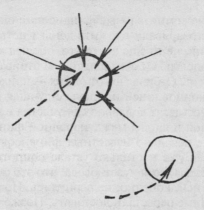

Рис. 4. Кармические причины трудно различимы из-за непрерывных действий со стороны энергоинформационного паразита. Но стоит освободиться, как они тут же станут ясно видны.

лованного) нам подбрасывает. То она приезжает ко мне на дачу и вырывает там из клумбы все цветы, приняв их за сорняки. Ну что тут будешь делать? Не сестра, а просто какое-то стихийное бедствие.

Долго я на нее сердился, пока мы не выяснили: да что же сердиться-то, сестра-то ни при чем, это просто карма моя собственная проснулась и вот теперь громко заявляет о себе! Да-да, если и у вас происходит нечто подобное — как будто вас кто-то помимо вашей воли втягивает в какие-то нежелательные события и вы никак вырваться не можете — вас можно поздравить: это не что иное, как карма! При чем тут поздравления? Да при том, что если вы доросли до осознания кармических проявлений — это значит, вы действительно уже достаточно чисты и достаточно свободны от энергоинформационных паразитов. Раньше вы просто не могли заметить кармических проявлений из-за загрязненности ваших тонких структур и забитости энергетических каналов посторонними внедрениями.

Карма может проявляться по-разному, но почти всегда она выказывает себя в виде нежелательных событий, участвовать в которых какая-то непонятная сила вас тянет, как паровоз вагоны. У одной моей знакомой карма проявлялась так: к ней постоянно приставали какие-то люди, предлагающие сомнительные финансовые операции. Проще говоря, уговаривали вложить деньги не то в акции, не то в облигации, не то еще во что-то, обещая мгновенную и огромную прибыль. От этих людей она отбивалась буквально каждый день. Отбивалась от одних — приходили другие. Но в конце концов к ней пришла ее лучшая подруга и потребовала шестьдесят долларов для участия в какой-то якобы популярной и якобы международной финансовой игре (что-то вроде печально известных финансовых пирамид). Моя знакомая уже настолько устала сопротивляться, что деньги эти отдала, хотя чувствовала, что это очередная афера. Деньги к ней, конечно, не вернулись. Но и вымогатели многочисленные перестали доставать. Позже мы с ней анализировали эту ситуацию и пришли к выводу, что, отдав эти деньги, она таким образом отработала кармический долг. Вот нежелательные люди и исчезли из ее жизни вместе со своими мифическими «деловыми» предложениями.

Эта самая кармическая проблема, которая теперь сказывается таким образом и за которую приходится платить, могла возникнуть у вас в прошлой жизни. До вашего нынешнего рождения ваша энергоинформационная структура могла переплестись с энергоинформационными структурами других людей. Так было в вышеприведенном случае с моей знакомой. В прошлой жизни она, будучи нищим, голодным ребенком, украла некую сумму денег, чувствовала из-за этого вину и унесла это чувство с собой в могилу. А в нынешней жизни те печальные события обернулись для нее нежелательным общением с назойливыми вымогателями. Она переплелась с этими людьми энергоинформационными структурами — вот они и начали преследовать ее, при том, что никто из них, конечно же, не помнил событий прошлой жизни.

Кармическая проблема, полученная в прошлой жизни, для истинной сути человека все равно что дыра в ведре. Как это ведро ни отчищай от ржавчины, как его ни мой и ни крась — оно все равно будет течь. Через эту кармическую «дыру» уходит и здоровье, и деньги, и удача, и хорошее настроение.

Но не пугайтесь «страшного» слова «карма». Не волнуйтесь: и с этим вы сможете справиться. Для того и пишется эта книга. Я научу вас навыкам диагностики и коррекции кармических взаимодействий.

В этой главе я лишь слегка обрисовал те вехи, которые вам предстоит пройти при прочтении этой книги. Подробности — в следующих главах. А пока подведем итог, чтобы в голове у вас возник четкий план того, чем мы с вами будем заниматься на страницах данного издания.

Итак, в ближайшее время вам предстоит освоить:

1. Программы на удачу и везение.

2. Программы на эффективность действий.

3. Программы на здоровье и самоисцеление.

4. Программы на уверенность в себе и самодостаточность.

5. Диагностику и коррекцию кармических связей.

Это и многое другое — в курсе второй ступени ДЭИР. Не останавливайтесь! С вами уже произошли серьезные изменения, а произойдут еще более важные и более благотворные. Чем дальше — тем больше вы будете убеждаться в том, что жизнь неимоверно интересна и прекрасна. У вас будут снова и снова открываться глаза на жизнь и на мир, и вы увидите то, что было от вас скрыто вследствие энергоинформационных поражений, а именно: красоту и гармонию мира. И ничего не бойтесь. Вы сильны. Вы все можете.

Глава 2

Программирование себя на удачу и везение

УДАЧА И ВЕЗЕНИЕ НЕ БЫВАЮТ СЛУЧАЙНЫ

Большинство людей считают удачу и везение делом слепого случая. Повезло так повезло, нет так нет, думают они, и ничего с этим не поделаешь. Они не знают, что наши удача и везение могут и должны полностью зависеть только от нас самих. Для этого надо только избавиться от влияния энергоинформационных паразитов (это вы уже умеете) и научиться применять к себе программы на удачу и везение (этому мы и будем сейчас учиться).

Но сначала подробнее разберемся в ситуации: от чего зависит человеческое везение и невезение, удачливость и неудачливость?

Люди, как правило, считают, что жизнь полосатая, как зебра: черная полоска, белая полоска, потом снова черная, снова белая и так далее. Так до недавнего времени наверняка считали и вы.

Но вот вы освоили первую ступень системы ДЭИР и поняли: что-то в хорошо знакомой системе изменилось. Где она, традиционная полосатость жизни, куда подевалась? Чередование черных и белых полос как бы сместилось, не правда ли? Исчезла былая четкость их чередований. За черной полосой теперь у вас вовсе не обязательно следует белая, а за белой — черная. Если бы у вас черные полосы исчезли вообще, это могло бы означать, что вы продвинулись в деле самосовершенствования весьма далеко и вам уже практически нечему учиться. Но это с вами вряд ли уже произошло. Это случай крайне редкий, если вообще возможный, для тех, кто освоил лишь первую ступень системы ДЭИР. Гораздо более вероятно другое: в вашей жизни теперь не случается ни серьезных неудач, ни особого везения, а все время идет сплошная серая полоса, ни то ни се, ни счастья, ни горя, в общем, скучища одна. Это — самый распространенный вариант для всех, кто освоил первую ступень ДЭИР, но еще не приступил ко второй.

Почему же так произошло? Именно потому, что раньше вы находились под воздействием энергоинформационных паразитов, а теперь установили у себя защитную энергетическую оболочку, непроницаемую для них. Черная полоса в жизни — это не что иное, как период, когда вы живете и действуете под диктовку энергоинформационного монстра. Ведь паразит заинтересован именно в разрушительных процессах и в обществе, и в человеке — как уже неоднократно говорилось, он питается негативной энергией. Например, человек пытается добиться успеха в каком-то деле, а оно не ладится и не ладится. Почему? Да потому что человек изначально был подключен к этому делу энергоинформационным спрутом в расчете на провал.

Почему же в таком случае ваша жизнь не была сплошной черной полосой, а после черной полосы все же следовала белая? Да потому, что паразит, наевшись, временно отпускал вас на волю, да и вы сами, опомнившись, на какое-то время приходили в себя, хватались за голову («Что же это я натворил?») и какое-то время жили собственным умом, в соответствии с вашими истинными желаниями, а не с желаниями и намерениями паразита. А там, где вы следуете истинным желаниям, — там гарантированы успех и белая полоса в жизни. Но обычных людей после непродолжительной белой полосы снова захватывает в плен энергоинформационный паразит. Люди ведь не свободны в своих действиях, поэтому и надеются все время на случай и везение. Мы же с вами — свободны, поэтому будем сами становиться хозяевами своей удачи и своего везения.

Вы теперь отключены от источника внешнего побуждения к действию — а побуждал вас к нему извне именно энергоинформационный паразит. Вы больше не подвержены программированию со стороны. Но почему же в таком случае у вас идет сплошная серая полоса? Да потому что вы еще не умеете жить в соответствии со своими собственными программами. У вас еще нет этих собственных программ, которые обеспечили бы вам сплошную белую полосу. Да, вы теперь свободны, но свобода без внутренней дисциплины, без каких бы то ни было обязательств (прежде всего перед самим собой), свобода, ничем не регламентированная, — это уже не свобода, а анархия. Что мы, кстати, и видим сейчас на примере ситуации в нашей стране. Раньше всеми нами извне управляло государство — диктовало, как жить, сколько зарабатывать, каким имуществом владеть и куда ездить в отпуск. Теперь государство, так сказать, отпустило всех на волю. Люди лишились управления извне, но и сами собой управлять не научились. В результате — полный беспредел в стране и сумятица в человеческих душах.

А ведь как все просто: быть свободным — это не значит плыть по воле волн, то налетая на рифы, то спасаясь от пиратов. Быть свободным — это значит сделать свое «плавание» управляемым, проложить в жизни свой собственный курс, тот, который нужен именно тебе, а не доброму дяде из правительства и не сердитой тете из ЖЭКа. Курс, следуя которому можно чувствовать себя в безопасности и более того — получать по пути максимум удовольствий.

Вы сейчас еще не научились управлять собой, а потому пока вы похожи на маленького ребенка, который ушел из детского садика и оказался один на улице без родителей и воспитателей. Да, никто не шпыняет, не заставляет есть манную кашу, не отправляет насильно спать среди бела дня, но при этом никто и не нянчит, и не сюсюкает, не оберегает от холода, голода и прочих жизненных неприятностей. Человек в такой ситуации теряет ориентацию в пространстве и времени, не понимает, что ему делать. Выход один — скорее взрослеть, начинать ориентироваться в жизни и соображать самому, что же делать, чтобы выжить — да не просто выжить, а жить в безопасности, благополучии и радости.

Как же научиться самому управлять собой так, чтобы удача и везение вас не покидали? Задача, непосильная для обычного человека. Для вас же — вполне достижимая уже сейчас.

Вот три причины, по которым у вас в жизни пока идет сплошная серая полоса:

— отсутствие желаний, внушенных извне;

— отсутствие стимулов к действию со стороны окружающих людей;

— отсутствие побуждающего к действию стечения обстоятельств.

Все это связано с тем, что по этим трем параметрам на вас перестали влиять извне энергоинформационные паразиты. И теперь в соответствии с этими тремя причинами перед вами стоят три задачи:

— наработка собственных желаний;

— стимулирование окружающих людей на помощь вам;

— привлечение в свою жизнь нужных вам стечений обстоятельств.

Разберем подробно каждую из этих задач.

РОЛЬ ИСТИННЫХ ЖЕЛАНИЙ

Человеку свойственно скучать. И в 90 процентах случаев, если человеку извне никто не навязывает никаких желаний, он впадает в апатию и безразличие, потому что сам не может понять, что же ему, собственно, нужно, и ждет только, чтобы кто-нибудь ему это подсказал. А доброжелателей, готовых подсказывать, сколько угодно. Была в прежние годы такая шутка: мы живем в стране Советов — у нас все очень любят друг другу советы давать. Советов в смысле органа власти давно нет, но страной советов мы, похоже, будем еще долго. У нас люди порой не могут разобраться даже в своей собственной жизни, но при этом все почему-то считают, что хорошо знают, как должны жить другие. Когда человек сам не знает, чего он хочет, он легко поддается чужим советам — и иногда портит себе этим жизнь.

Вспомните хотя бы на собственном примере, как часто вы поддавались этим ложным внушенным желаниям. Все мы заканчивали школу, перед всеми нами вставал выбор: что делать дальше? Пойти работать или учиться? Если работать, то кем? Если учиться, то где? В ПТУ, в техникуме, в институте? Признайтесь себе честно: вы еще в школе точно знали, чем хотите заниматься в жизни, и пошли учиться или работать именно туда, куда хотели? Или за вас все решил случай (читай: энергоинформационный паразит, или внушенное извне ложное желание)?

Одно время в нашей стране был настоящий культ высшего образования. Считалось, что в институт надо поступить любой ценой — причем неважно в какой, лишь бы получить диплом, лишь бы была бумажка, потому что «без бумажки ты букашка». И вот мальчики и девочки, не успевшие еще к своим 17 годам определиться с собственными желаниями и потребностями, шли в первые попавшиеся вузы: либо туда, где конкурс поменьше, либо туда, куда мама велела, либо за компанию с подругой. В инженерно-технические вузы по призванию, в соответствии со своими истинными желаниями, попадали единицы. Ну и где сейчас эти мальчики и девочки, которым уже под сорок, а то и больше? Да в основном на бирже труда. Жалуются на жизнь и на правительство. Но им почему-то недосуг проанализировать свою собственную жизнь и понять, что к этой ситуации они привели себя сами, потому что всю жизнь делали не то, чего бы им на самом деле хотелось, а то, что навязывал им социум с его патологическими представлениями о престиже высшего образования, необходимости делать карьеру и так далее.

Кстати, многих из этих людей именно нынешняя неблагополучная ситуация в их жизни толкает к тому, чтобы они все-таки определились со своими истинными желаниями. Один инженер-неудачник, знакомый моей жены, оставшись без работы, вдруг вспомнил: «А я ведь с детства мечтал валенки валять! Может быть, был бы сейчас лучшим мастером в России...» И что бы вы думали? Бросил он ходить на биржу труда, начал валенки валять и постепенно окреп настолько, что открыл свою небольшую частную мастерскую. Валенки пользуются спросом, и он теперь если и не лучший мастер в России, то и не из худших. Еще одна знакомая женщина на протяжении двадцати лет работала инженером металлургического производства, потом ее уволили по сокращению штатов, и она пошла воспитателем в детский сад. И только тогда поняла, что двадцать лет занималась не своим делом. Теперь она счастлива, потому что наконец нашла себя.

Престиж, карьера — это ложные понятия, навязанные социумом. Для счастья нужно не это. Для счастья не обязательно, чтобы работа была престижной, — для счастья обязательно, чтобы работа была именно вашей, соответствовала вашим истинным желаниям.

Подобные примеры мы приводили уже неоднократно. Вспомните хотя бы рассказанную в первой книге историю одной известной ныне художницы, которая в юности была актрисой-неудачницей: на сцену ее потянуло не истинное желание, а ложное стремление быть известной, блистать в обществе, оказаться на виду у всех и т. д. Ложное желание привело ее на путь саморазрушения. Но как только она стала следовать истинному желанию, жизнь заиграла для нее самыми яркими красками.

Беда в том, что сам механизм определения истинного желания у современного человека практически атрофирован. Потому что очень много ложных желаний навязывается извне, человек тратит уйму времени и сил на осуществление этих не своих желаний, у него практически не остается возможности услышать голос своего истинного желания и помочь его осуществлению. Между тем, если только освободиться от гнета ложных желаний, сделать это легче легкого! Если вам сейчас кажется, что вам ничего не хочется, — это очень хорошо. Это означает, что вы избавились от навязанных извне желаний. Лучше не иметь никаких желаний, чем иметь ложные.

Моя соседка по даче Маруся каждый год проводила отпуск в Крыму, в одном и том же месте, где ей очень нравилось. Она всегда возвращалась прекрасно отдохнувшей. Но однажды ее подруга съездила в Испанию и начала уговаривать ее поехать туда же, убеждая, что там гораздо лучше, чем в Крыму. Поддавшись уговорам, женщина набрала денег в долг, продала кое-какие ценные вещи и купила путевку в

Испанию. Заметьте: приобретение путевки стоило ей больших усилий, пришлось сильно напрягаться, чтобы добыть нужные деньги, — а это уже тревожный знак: истинные желания всегда осуществляются легко, и только ложные требуют массы сил и энергии. Поездка сразу же началась с неприятностей: по вызову не пришло такси, и женщина только чудом не опоздала на самолет, да и то потому, что вылет по каким-то причинам задержался. Она так нанервничалась по дороге в аэропорт, что никакая ожидавшая вдали Испания ее уже не радовала. Прибыв на знаменитый испанский курорт, она была весьма разочарована: все побережье сплошь застроено однотипными зданиями, где размещаются многочисленные рестораны и магазины, вдоль набережной непрерывным потоком несутся машины — и ничего похожего на столь ею любимые крымские красоты! Она тут же затосковала по родным, полюбившимся с детства местам. Разочаровала и гостиница: турфирма ее, по-видимому, просто обманула, потому что обещанным трехзвездочным отелем и не пахло. В номере были занавески с дырами и грязные стены, совсем как в советском доме отдыха средней руки. Да, и за границей такое бывает! А деньги-то были заплачены немалые. К тому же в соседнем с нею номере гостиницы поселились американские студенты, которые все ночи напролет горланили песни, так что многострадальной туристке было не до сна.

В довершение всего на четвертый день своего отдыха она упала и сломала руку. А поскольку медицинской страховки у нее не было, то все имеющиеся у нее деньги пришлось отдать за медицинскую помощь, которая на Западе стоит очень дорого. О купании, загаре и экскурсиях пришлось забыть: все оставшиеся дни она лежала на койке в гостиничном номере и проливала горькие слезы под завывания американских студентов за стеной. Такая получилась поездка. Вот что значит поддаться ложному желанию.

Для женщины это послужило хорошим уроком. Кстати, именно этот случай привел ее к системе ДЭИР: кость руки никак не срасталась, по рекомендации знакомых женщина пришла ко мне. Я помог ей разобраться в ситуации и посоветовал начать применять на практике систему ДЭИР. Как только она поняла, что попалась на удочку ложного желания и проигнорировала желание истинное, как только она приняла решение больше никогда так не делать, — рука срослась очень быстро.

Когда у человека нет ложных желаний (если даже он еще не определил свои истинные желания), он застрахован от подобных неприятностей. Правда, он может заскучать, ведь ложные желания больше не навлекают приключений на его голову. Один из моих учеников, освоив первую ступень системы ДЭИР, вдруг понял, что он вообще не знает, что ему делать со своим отпуском. К Черному морю не хочется, к Средиземному — тоже, хотя средства вроде бы позволяют, друзья зовут в горы — что-то не тянет. А раньше ведь хотелось и того, и другого, и третьего. «Мне жить неинтересно, — начал жаловаться он. — Я ничего не хочу! Вот до чего ваша система довела. Скучно мне!»

Его апатия, к счастью, длилась недолго. С помощью системы ДЭИР мы определили его истинное желание. Оказывается, он всегда хотел хоть немного времени проводить на своем собственном клочке земли — на даче, в саду. Вот тогда-то он и купил садовый участок, построил небольшой домик. Начал возиться с утра до ночи с цветами и кустарниками, не заметил даже, как отпуск прошел. Теперь каждые выходные несется туда, все время покупает то рассаду, то удобрения, изучает какие-то книги по садоводству и огородничеству. «Никогда еще, — говорит, — я такой насыщенной жизнью не жил. Знакомых новых приобрел, семья не нарадуется, в общем — полный кайф!»

Итак, прежде всего вам надо выработать механизм определения своего истинного желания. Для этого надо подумать и решить: первое — что вам нужно, и второе — для чего это вам нужно. Последнее — критерий истинности желания. То есть надо понять: ваше желание — что это? Простой каприз или жизненная необходимость? Практический результат от выполнения истинного желания всегда жизненно важен. Как известно, практика — критерий истины. Если у вашего желания нет никакого практического результата — оно неистинно. Если вы хотите получить какую-то конкретную профессию и ваше желание истинно, то вы не только без особого труда обучитесь этой профессии, но и легко найдете себе место работы, причем эта работа обеспечит вас материально. Если же вы непонятый гений (все равно в какой области), которого создаваемые вами шедевры не кормят, — значит, желание производить эти шедевры истинным не является. Надо разбираться, когда и каким образом это желание было навязано человеку извне.

Приведу пример. Один вполне разумный и далеко не бездарный мужчина средних лет возомнил себя писателем. Но его произведения не печатало ни одно издательство, сколько бы он ни обивал порогов редакторских кабинетов. В литературный институт его тоже не приняли. И он считал себя таким непризнанным гением, которого смогут оценить по достоинству разве что отдаленные потомки. При этом жил он впроголодь, одевался как последний бомж. От него одна за другой ушли две жены — не выдержали такой жизни. В конце концов он оказался на больничной койке с крайним нервным истощением и признаками дистрофии.

Когда он появился у меня, мы с ним начали разбираться в причинах происшедшего. Это оказалось не так просто, потому что поначалу он даже меня ввел в заблуждение своим фанатичным желанием писать романы. Его ложное желание настолько срослось с его сущностью, что очень походило на истинное! Усомниться в истинности его желания меня заставил именно тот факт, что оно не приносило практических результатов, никак не изменяло к лучшему качество его жизни. С истинным желанием такого не бывает: оно легко позволяет дать правильный ответ на вопрос: «Для чего мне это нужно?» А правильный ответ только один: если это нужно для ощущения полноты жизни, чувства удовлетворенности, для радости, счастья, удовольствия, финансового благополучия, наконец, — значит, желание истинно. Если же на этот вопрос вы отвечаете что-то в таком роде: «Это нужно мне, чтобы быть не хуже других, чтобы меня любили и уважали окружающие...» — или: «Это нужно мне, потому что это есть у всех, потому что так принято в этом обществе», — так и знайте: ваше желание неистинно, оно навязано социумом, другими людьми, то есть в конечном итоге — энергоинформационными паразитами.

Придя к выводу, что желание писать романы у несостоявшегося писателя является неистинным, мы начали с ним разбираться, где и когда он это желание «подцепил». Ему пришлось вспомнить, когда эта тяга к сочинительству возникла у него впервые. Оказалось, что это началось еще в школе, в период так называемого переходного возраста. Однажды учительница литературы перед всем классом высмеяла его сочинение, которое, как ему казалось, получилось очень оригинальным и талантливым. Но учительница так не считала. Она цитировала целые фразы и смеялась над оборотами его речи. В заключение она презрительно сказала: «Тоже мне, писатель!» Класс смеялся вместе с ней. Тогда он очень обиделся — еще бы, ведь в классе была девочка, которая ему очень нравилась, и девочка эта смеялась громче всех. Тогда он глубоко затаил обиду и сказал самому себе: «Я им всем докажу! Вот вырасту, стану знаменитым писателем — пусть тогда попробуют посмеяться!»

С тех пор он всю жизнь и пытается доказать что-то и той учительнице, и той девочке. При том, что сам он давно уже забыл и о той, и о другой, но подсознательно все продолжает и продолжает выполнять эту заложенную когда-то программу. Такое желание, конечно, не является истинным — ведь человек делает не то, что нужно именно ему для счастья и благополучия, а пытается представить кому-то какие-то доказательства своей состоятельности.

Осознав истоки своего желания, он сам пришел к выводу, что ему надо прекратить писать романы. Но, учитывая, что литературные способности у него действительно есть, мы решили, что ему имеет смысл попробовать себя в журналистике. Он попробовал — получилось. Сейчас работает в крупной городской газете, прилично зарабатывает. Его имя стало достаточно известным — некоторые из его статей произвели просто сенсацию в том городе, где он живет. Женился, с женой живут дружно. Недавно я его встретил — со вкусом одет, хорошо выглядит. Прежний свой образ жизни называет одним словом: «дурь». О писательстве и думать забыл, так же как о болезнях и безденежье.

А теперь приступим конкретно к методике определения истинного желания.

Система навыков ДЭИР
Ступень II

Шаг 1. Выявление истинного желания

Чтобы сделать этот шаг, вам придется вспомнить об эталонном состоянии. О том, что это такое и как в это состояние войти, подробно рассказывалось в первой книге, и читатели должны к данному этапу своего развития усвоить это очень хорошо. На всякий случай напоминаю: в состоянии, которое можно принять за эталон, каждый из нас был хотя бы раз в своей жизни, и надо просто восстановить в памяти этот момент. Эталонное состояние — это такое состояние, в котором вам нравится абсолютно все: вы отлично себя чувствуете физически, вам легко и радостно, вас окружают прекрасные пейзажи или любимые люди, вокруг только приятные запахи и звуки, и в довершение всего вы собираетесь сделать что-то очень приятное, следуя своему истинному желанию. Ничто не беспокоит, не тревожит, не гнетет, никакой тяжести на сердце и в душе. Вспомнив это состояние на уровне ощущений, вы можете в любой момент воспроизвести его во всей полноте.

Итак, вы входите в эталонное состояние и из него пытаетесь проанализировать свою нынешнюю жизненную ситуацию. Допустим, вам нужно заработать деньги. Проверьте, не вступает ли это желание в диссонанс с вашим эталонным состоянием. Если не вступает, если данная перспектива вас только радует, а не приводит в уныние — значит, желание истинно. Если же при одной мысли об этом появляется какая-то тяжесть и тревога на душе, значит, отложите выполнение этого желания, на данном этапе вашей жизни вам достаточно и тех денег, которые у вас есть, надо просто осознать это и научиться пока довольствоваться малым. Ведь в данном случае, если вы будете упорствовать в своем желании заработать, эти деньги, скорее всего, не пойдут вам впрок, и от такого зарабатывания будет больше вреда, чем пользы.

Если же желание заработать оказалось истинным, анализируем обстоятельства дальше. Допустим, вам предлагают место в одной фирме, и вы уже склонны согласиться. Посмотрите на это предложение из эталонного состояния. Вам действительно хочется выполнять эту работу? Вам это будет приятно? Эта работа не нарушит вашего эталонного состояния? Или вы заранее знаете, что там вам будет плохо, но идете на жертвы только ради денег? В таком случае это не ваш вариант. (Вспомните, как часто, будучи в отпуске, лежа на пляже — в эталонном состоянии или почти в оном, заметим, — вы с отвращением вдруг вспоминали, что скоро на работу. Значит, не надо вам на такую службу возвращаться, если она из эталонного состояния кажется отвратительной.) Посмотрите по сторонам получше — и вы наверняка обнаружите, что существуют другие, более приятные способы зарабатывания денег. Нужно выбрать такой способ добывания материальных благ, который вам по душе! Нужно выбрать тот способ, который сейчас вам дается легче всего. Вот и весь секрет. Все очень просто! А если ваше желание заработать истинно, такой способ обязательно найдется.

Может быть, вы разочарованы — вам кажется, то, что я предлагаю, как-то слишком просто? Тем не менее я повторяю и настаиваю на этом: надо делать то, что вам нравится, то, что вам приятно, то, что не нарушает вашего эталонного состояния, и то, что в данный момент у вас получается легче всего. Ваше сознание может сопротивляться этой истине, потому что нас очень долго воспитывали совсем в другом духе: внушали, что жизнь — борьба, надо все время преодолевать трудности и т. д. Но теперь вы свободны от социума и можете с легкостью выбросить из головы эти и подобные глупости. Вы — свободный человек, а значит, вы заслужили избавление от любого принуждения, от насилия над собой. Большинство людей всю жизнь сами создают себе трудности, чтобы потом самим их же и преодолевать. Вы избавлены от этого. Вы имеете право делать то (и только то), что вам нравится, что вам хочется, что вам приятно делать. Осознать это и сделать этот шаг бывает непросто, потому что очень часто наше сознание избегает, не замечает этих самых простых и приятных способов жизни, — исковерканное социумом, оно постоянно ищет трудностей и препятствий. Но сделать этот шаг необходимо. Ведь мы учимся не чему иному, как управлению собственной судьбой. Согласитесь, игра стоит свеч.

Только такое желание, которое приятно уже самим процессом своей реализации, является искренне вашим — не принятым под давлением обстоятельств, а произрастающим из самых глубин вашей личности. Почему же такое желание осуществлять приятно? Да потому что его реализация — это то, что принадлежит вам по праву, то, что вы заслужили, то, что вам уже не нужно завоевывать, — надо просто спокойно взять то, что изначально является вашим. И только неистинное желание требует усилий и преодоления трудностей. Ведь это — не ваше, это — чужое, а если вы посягаете на чужое, за это платить приходится дорогой ценой.

Как-то я разговорился с дворником, который подметал лестничную клетку в моем доме. Я увидел, с какой ненавистью он это делает, как ожесточенно и раздраженно орудует метлой, какая гримаса отвращения написана у него на лице.

— Зачем вы занимаетесь работой, которую ненавидите? — спросил я.

Он посмотрел на меня как на врага.

— А детей кто кормить будет? — бросил он зло. — Где сейчас другую работу найдешь?

— Но ведь есть, наверное, какое-то занятие, которое вам нравится? — спросил я как можно более миролюбиво.

— Я с цветочками возиться люблю. — Он немного смягчился. — Поливать, удобрять, в земельке копаться. Но вот приходится эту вашу грязь мести. А что делать?

Пришлось с человеком немного поработать. Объяснить ему, что не такая уж безвыходная у него ситуация. Оказалось, энергоинформационное поле подвело меня к нему не случайно, а именно для помощи в реализации его истинного желания. В оранжерее Ботанического института как раз требовался рабочий по уборке. Я помог ему туда устроиться. Недавно он окончил заочную школу садоводов и изменил свою квалификацию. Стал теперь главным садоводом в оранжерее. Еще одним счастливым и довольным человеком в жизни стало больше.

Это очень важно — привыкнуть реализовывать именно свое истинное желание, как бы ни было это поначалу тяжело и непривычно. Ведь для того, чтобы дать старт всему комплексу программ на удачу, уверенность в себе и везение, надо включить глубинные механизмы подсознания, которое обитает в самом центре эфирного существа человека.

Именно этот центр сохраняется при перерождениях человека, при переходе в следующие жизни, именно это — обиталище так называемой бессмертной души. Этот центр полноценно работает, действует и самореализуется только тогда, когда мы исполняем в жизни истинные свои желания. Только тогда мы живем полноценно и с потрясающей эффективностью выполняем свои жизненные задачи.

Я уже говорил о том, что выполнение ложного желания требует огромных усилий и гигантской цены за его осуществление. Что ж, если человек готов к жертвам, он может, конечно, осуществлять и ложные желания в своей жизни. Только нужно в таком случае иметь в виду два очень серьезных последствия. Первое: оплата может оказаться непомерной, так что сама реализация желания может не принести никакой радости, а наоборот, заставить сожалеть о том, что оно исполнилось. Второе: выполнение ложного желания неизбежно отягощает карму.

Так что ложное желание всегда приводит только к нежелательным последствиям — нежелательным прежде всего для нас самих. А потому будьте свободны от ложных желаний. Прислушивайтесь только к своим истинным желаниям! Только тогда вы сэкономите массу времени и сил, только тогда все ваши действия и поступки будут эффективны, только тогда удача вас не покинет.

ВКЛЮЧЕНИЕ ОКРУЖАЮЩИХ В РЕАЛИЗАЦИЮ ВАШЕГО ЖЕЛАНИЯ

Вы избавились от ложных желаний. Вы точно знаете, что нужно именно вам — вашей глубинной внутренней сущности. Например, вы точно знаете, какая вам нужна работа. Вы собираетесь заниматься тем, что вы любите, тем, что вам приятно, тем, что вам очень нравится и к тому же хорошо у вас получается. (Заметьте, кстати, нам всегда нравится делать именно то, что хорошо у нас получается.)

Но что поделать — вам никто почему-то не предлагает такую работу. Никто не стимулирует вас к этой деятельности извне. Что же это означает? Ведь вы же точно знаете, что желание — истинно, а значит, оно должно осуществиться легко, но вы даже не знаете, в какую сторону пойти, к кому обратиться, в какие двери постучаться, чтобы желание осуществилось.

Раньше все было по-другому, не так ли? Раньше вас постоянно стимулировал к чему-то энергоинформационный паразит. Причем стимулировал не только вас одного, а сразу многих людей. Множество примеров такого воздействия, кстати, можно найти в художественной литературе. (Очень интересное занятие — читать книги и анализировать описанные там ситуации с позиций ваших новых знаний — рекомендую, увлекательнейшее занятие и очень полезное притом). Вспомним хотя бы «Приключения Тома Сойера» Марка Твена (уж это наверняка все читали и все помнят). Может быть, помните, как Том Сойер в депрессии слонялся по городу и тут же встретил Джо Гриффина, который был в таком же точно состоянии? В чем дело? Да в том, что они попали под один и тот же эфирный поток, смоделированный одним и тем же энергоинформационным паразитом.

Попробуйте вспомнить и проанализировать: с чего для вас раньше начиналось любое дело, будь то устройство на работу, поездка в отпуск или серьезная покупка? Чаще всего все дела, приводящие как к успеху, так и к поражению, начинались вовсе не с того, что вы сели и придумали: надо бы сделать то-то, купить то-то, съездить туда-то. Начиналось это чаще всего так. Забегала подруга и с порога объявляла: «Слушай, есть горящие путевки в Адлер! Едем?» Или приходила жена и говорила: «Там в универмаге ковры выбросили! Расцветка так себе, но зато недорого. Покупаем?» Или звонил знакомый и предлагал: «Нам в институт сотрудник требуется. Немножко не твоя квалификация, но ничего, подучишься — и вперед. Поговорить с начальником?»

Когда такое происходило с моими знакомыми и родственниками, я внимательно наблюдал за развитием ситуации — делал это исходя из своих профессиональных интересов: мне нужно было набрать как можно больше материала для анализа действий энергоинформационных паразитов. В первом случае поездка в Адлер прошла успешно — энергоинформационный паразит дал передышку женщине, чтобы после бросить ее в провальное и абсолютно изматывающее дело. На работе разразился жесточайший конфликт, в который она оказалась непосредственным образом вовлечена, и она часто повторяла: «Если бы не эта поездка в Адлер, я бы сейчас точно не выжила». Во втором случае ковер купили, но его расцветка оказалась столь отвратительной и так диссонировала с интерьером квартиры, что через неделю хозяева не выдержали и сняли его со стены. Причем даже при тогдашнем дефиците ковров этот ковер, как ни странно, продать так и не смогли. Пришлось засунуть его в кладовку, где он и лежит до сих пор, поедаемый молью. А супруги тогда из-за этого ковра страшно переругались: он обвинял ее и ругал себя, что пошел у нее на поводу, оба жалели денег — в общем, мир в семье установился не скоро и с большим трудом. В третьем случае человек устроился-таки в институт, неплохо зарабатывал, но с его участием был реализован проект, который в конечном итоге оказал разрушительное воздействие на экологию и окружающую среду. И человек сейчас расплачивается за причиненный вред — он лишился всех своих сбережений, которые были у него на сберкнижке, и живет теперь на мизерную пенсию.

Так что думайте сами — хорошо ли получать стимулы со стороны или лучше обходиться без них? Такая подача со стороны окружающих, как правило, приводит не к тому результату, который нужен вам, а к прямо противоположному.

Заметьте: такие подачи срабатывают только тогда, когда в вас уже есть ложное желание, инспирированное извне. И это ложное желание, и его поддержка окружающими, и (тут я немного забегаю вперед) побуждающее к действию стечение обстоятельств — все это разные аспекты направленного и координированного воздействия энергоинформационного паразита. Он же не склонен творить добро, а просто использует невежественных людей в своих целях. Я знаю одного кандидата в депутаты местного органа власти, которого подтолкнули к участию в выборах, и он согласился только потому, что... хотел вволю поездить на черной машине. В итоге его чуть не убили представители конкурентов. И зачем ему это было надо? Ведь был бы поумнее, купил бы себе «Жигули» и ездил бы на здоровье.

Если вы свободны от ложных желаний, то большинство таких подач извне, со стороны окружающих, просто для вас не срабатывают. Вы просто пропускаете все это мимо ушей,

потому что не чувствуете в этом стимула к действию, а видите только чьи-то посторонние и чуждые вам фантазии. Если
вы точно знаете, что не хотите в Адлер, то никакая горящая
путевка вас не соблазнит. Если вы уверены, что ковер вам нужен другой расцветки, то не пойдете на компромисс, соблаз-
нившись низкой ценой. И на работу, которую вам предлагают пусть даже по самому большому блату, не пойдете, если вас
что-то в ней настораживает и не вполне устраивает.

Это не значит, что окружающие люди никогда не будут
создавать вам условий для реализации ваших истинных желаний. Будут, куда они денутся, — и даже более активно, чем
раньше, ведь истинные желания на то и являются истинными, чтобы весь мир помогал вам в их реализации. Но есть
одна важная деталь, которую надо учитывать: окружающие
будут с легкостью давать подачи для реализации ваших истинных желаний только при том условии, что будут получать от вас для этого энергетический стимул. Обычно этот
стимул дает им энергоинформационный паразит — вот они
и бегут к вам со своими предложениями о поездках, рабо-
тах и коврах. Теперь этот процесс в других людях вы должны научиться запускать самостоятельно. Делается это следующим образом.

Система навыков ДЭИР
ступень II

Шаг 2. Стимулирование окружающих на помощь вам

Вы, чистый — промытый от ложных желаний,
определили свое истинное желание, но конкретных путей
его реализации пока не видите. Для того чтобы эти пути
появились, вам нужно энергетически простимулировать
окружающих вас людей на подачу вам новых возможностей
и подсказку в реализации вашего желания. Для этого вам
нужно научиться излучать энергию.

На предыдущей ступени ДЭИР вы научились замыкать
собственную энергетику так, чтобы посторонняя энергия не
поступала к вам, будучи блокированной вашей собственной.
Теперь вам придется немножко открыться для отдачи энергии. Это не значит, что вам придется снять защитную оболочку, — если она установлена прочно, отработана и оттре-

нирована, то снять ее уже практически невозможно. Оболочку снимать не надо, но надо открыться для излучения. Это можно сделать следующим образом.

Общаясь с людьми, привыкните направлять им энергетический поток из Аджна-чакры. Если вы при этом будете думать о своем желании или даже говорить о нем вслух — собеседник постепенно проникнется вашим желанием и будет подсказывать вам возможные ходы для его осуществления. Не насилуйте собеседника, ведите себя свободно и раскованно, разговаривайте с ним тепло и мягко. Но помните: чем теплее разговор, чем ближе он к интересующей вас теме — тем сильнее должен быть исходящий от вас энергетический поток. Если разговор уводится в другую область, то уменьшите отдачу энергии. Человек в такой ситуации начинает ориентироваться на вас, на вашу энергетику, он попадает под ваше влияние. Если раньше он попадал под влияние энергоинформационного паразита и бежал к вам со своими стимулами, то теперь вы сами, а не энергоинформационный паразит, стимулируете его энергетически, и человек старается рефлекторно угодить вам. Вам остается только этим воспользоваться.

Одной из последовательниц системы ДЭИР срочно нужны были — уж извините за прозу жизни — деньги. Желание это было истинным без всякого сомнения: в доме сломалась стиральная машина, и при наличии большой семьи даже речи не могло быть о том, чтобы стирать вручную: женщина работала, а кроме того, она научилась любить и уважать себя и свое свободное время — ручная стирка никак не входила в число ее истинных желаний. Конечно, покупка новой машины была действительно жизненно необходима. С другой стороны, денег было взять просто неоткуда. Продать в доме было нечего — разве что картину старинную, которая висела на стене с незапамятных времен. Но женщина, научный сотрудник, не отличалась особой практичностью в вопросах купли-продажи и была уверена, что картина эта никому не нужна. В общем, выхода, казалось бы, не было. Вдруг сам собой подвернулся случай: к ней зашла соседка по дому, дама весьма состоятельная. Тогда, беседуя с соседкой, женщина начала применять второй шаг излагаемой здесь системы, правда ни на что при этом особо не надеясь, потому что соседка эта была известна тем, что никому никогда не давала денег даже в долг. Женщина ни словом не обмолвилась о своей нужде, говорила о чем-то другом, но направляла собеседнице поток из Аджна-чакры, при этом мысленно четко формулируя «запрос»: «Мне срочно нужны деньги, 500 долларов». Вдруг соседка ни с того ни с сего и говорит: «Слушай, Анна, давно я смотрю на твою картину, так она мне нравится. Да вот все не решаюсь спросить: может, продашь? Так не продашь ведь, наверное, красота такая тебе и самой нужна». Анна сделала вид, что милостиво соглашается подумать, хотя внутри у нее, конечно, буквально все пело от счастья. Картина была ей не слишком дорога, а удачно продать ее она и не мечтала. На следующий день она вызвала оценщика, картину оценили именно в 500 долларов. В тот же день у нее на руках была сумма, необходимая для покупки стиральной машины.

Хотите достичь подобных успехов? Тренируйтесь. Начинайте с небольших задач, не замахивайтесь сразу на серьезные цели типа женитьбы на принцессе или президентского кресла. Сначала попробуйте таким образом получить желаемую вещь или сумму денег. Успех обязательно придет.

ПРИВЛЕЧЕНИЕ В СВОЮ ЖИЗНЬ НУЖНОГО СТЕЧЕНИЯ ОБСТОЯТЕЛЬСТВ

Под стечением обстоятельств мы будем понимать не те подачи, которые дают нам окружающие, а те благоприятные возможности, которые складываются вокруг нас как бы сами собой. Раньше эти обстоятельства для нас создавал энергоинформационный паразит. Но после установки защитной энергетической оболочки, отсекающей вас от влияния энергоинформационных паразитов, вы перестали подчиняться их настраивающим программам и создаваемым ими стечениям обстоятельств, которые подталкивали вас на путь реализации ложного желания. То есть вы ежесекундно сталкиваетесь с обстоятельствами, подготовленными кем-то для реализации тех или иных ложных желаний, но вас-то они не интересуют!

Раньше паразит мог, например, навеять вам мысль о том, что вам срочно надо купить козу (я немного утрирую), а то у вас на даче живности не хватает. Затем этот паразит приведет вас прямиком к станции метро, где вы в принципе никогда не ходите, но тут почему-то оказались, и вы увидите там мужика, который стоит и продает козу (с чего это вдруг чуть ли не в центре города?). Так нужно было паразиту — и вы подчинились ему и хапнули эту козу не задумываясь. Задумались уже потом: зачем мне коза-то?

В данном случае энергоинформационный паразит, конечно, превосходит вас по своим возможностям. Ведь он заблаговременно выставил продавца козы возле метро (а продавцу этому на самом деле, может быть, было вовсе ни к чему эту козу продавать, так же как и вам покупать), он и вас подтолкнул прямиком к продавцу козы. Вы, конечно, с помощью одной только своей энергетики с такой задачей не справитесь — не сможете организовать такое стечение обстоятельств.

Но в данном случае вовсе не обязательно полагаться только на свои силы и на свою энергетику. Вспомните, что, несмотря на вашу защитную оболочку, вас по-прежнему омывает энергоинформационный океан, состоящий из мощных энергетических потоков — это и индивидуальные энергетические импульсы окружающих, и мощные потоки энергоинформационных паразитов, и еще многое другое. Вам нужно лишь выдернуть из этого клубка нужную вам ниточку, ведущую к реализации именно вашей цели. То есть воспользоваться не собственной энергетикой, а уж существующими потоками, попутным ветром, что называется. Для этого вам придется немножко приоткрыться, чтобы ощутить эти потоки и, как дельтапланерист в воздухе, поймать нужный. Это надо делать сознательно, и проще всего это сделать из эталонного состояния.

Система навыков ДЭИР
ступень II

Шаг 3. Улавливание удачи — введение намерения в подсознание

Войдите в эталонное состояние. Проникнитесь им. Теперь, не выходя из эталонного состояния, воспроизведите в своем воображении вашу нынешнюю жизненную ситуацию и свои истинные цели и желания. Вы почувствуете, как у вас возникают намерения, связанные с реализацией цели. Слейтесь с этими намерениями, впустите их в свое эталонное состояние. Проникнитесь ими, впустите в себя как можно глубже. После чего можно выйти из этого состояния.

Хотите знать, что вы только что сделали? Вы впустили в свое подсознание намерение реализовать вашу цель. Подсознание теперь настроено на реализацию этой цели. Теперь оно само будет находить нужные энергетические потоки, ведущие вас к цели, оно станет тем парусом, который только и ищет попутного ветра. Теперь, не сомневайтесь, ваше подсознание само начнет подводить вас к нужным вам обстоятельствам, само, без вашего сознательного вмешательства, будет осуществлять поиск возможностей реализации вашего желания. Не нужно только мешать ему, нужно быть внимательнее к своим желаниям и интуиции. Если вам вдруг необъяснимо захотелось куда-то пойти — не противьтесь этому спонтанно возникшему желанию, это вас подталкивает в нужном направлении ваше собственное подсознание, а не кто-либо или что-либо извне.

Может быть, эти спонтанно возникающие желания будут очень неожиданными. Может быть, рассудок поначалу будет им противиться. Но доверьтесь своему подсознанию и ничего не бойтесь. В конце концов, вы вполне можете себе позволить потерять минуту и прогуляться. Подсознание после проведенной с ним работы лучше вас знает, что вам нужно. Оно лучше вас знает, куда вам надо идти и что делать. Оно вас направит в нужную сторону именно тогда, когда это вам нужно.

Существует множество примеров, когда человек, сам не зная почему, вдруг чувствовал, что он не хочет никуда лететь на самолете, хотя билет куплен и отказываться от полета вроде бы нет причин. Но нежелание лететь было таким сильным, что человек оставался дома. А самолет не долетал до места, разбивался. Это — тоже пример того, как человека спасает собственное подсознание, запрограммированное на выживание, это оно, уловив надвигающиеся события, не велело ему садиться в тот самолет. В нашем случае мы учимся делать то же самое, только в более полном варианте: учим подсознание не только оберегать нас от беды, но и приводить нас к удаче и истинной цели.

Один из моих учеников запрограммировал себя на женитьбу. Сначала он уяснил для себя, что жениться для него действительно жизненно необходимо, что это желание — истинно, потому что он по природе создан так, что ему нужна семья, а не потому, что в этом обществе приветствуется институт брака. Причем жениться он хотел не лишь бы на ком, а на девушке своей мечты. Что тоже говорит об истинности желания, ведь его цель была не просто создать семью, а жить в семье в радости и счастье, со своим, только ему предназначенным единственным родным человеком.

Заложив подобную задачу себе в подсознание, молодой человек начал спокойно заниматься своей работой, зная, что беспокоиться ему не о чем: придет подходящий момент, и подсознание все сделает само.

Один раз, в обеденный перерыв, ему вдруг пришло в голову пойти на вокзал, что был неподалеку, и там купить газету. Почему на вокзал? И зачем ему вдруг понадобилась какая-то газета? Любой здравомыслящий человек, казалось бы, непременно задал бы себе эти вопросы и, возможно подчинившись логике и здравому смыслу, счел бы такое желание абсурдным и отказался от его выполнения. Ну и упустил бы свое счастье. Но наш молодой человек был подготовлен. Он знал: раз чего-то хочется — надо это сделать. Раз подсознание так требует — это неспроста. Он пошел на вокзал под насмешливые реплики своих коллег — они-то, как всегда, направились в буфет, куда и он ежедневно ходил в обеденный перерыв. Пришел он на вокзал и начал искать этот самый газетный киоск, к которому его так неудержимо влекло. Нашел киоск на перроне и подошел к нему как раз в тот момент, когда из только что прибывшего поезда выходила с двумя чемоданами и сумкой через плечо... Она. Сомнений не было — это была именно она, девушка его мечты. В таких случаях подсознание не дает человеку даже секунды засомневаться и буквально требует: иди знакомься. Он подошел, плохо соображая, что он делает и чего хочет. Самое удивительное, что и девушка тоже с первого взгляда поняла: это судьба. Газету они покупали уже вместе. Заголовок на первой полосе гласил: «Совет да любовь!» Вот такие шуточки иногда подбрасывает энергоинформационное поле. Сейчас это одна из самых счастливых семей, которые я знаю.

Шаг 4. Применение интегральной программы на удачу и везение

Итак, вы познакомились со всеми тремя шагами программирования себя на удачу и везение. Овладевайте методом, тренируйтесь — и вы получите от судьбы все, что вам нужно (что вам истинно нужно), и вам будет сопутствовать удача и везение, если вы, конечно, опять не собьетесь на ложные цели, только усложняющие жизнь и накручивающие карму.

Подведем итог. К чему же сводится вышеизложенная программа на удачу и везение? К одному целостному приему, который состоит из:

— определения истинного желания в эталонном состоянии;

— включения поддержки окружающих;

— включения поиска путей реализации желания в собственное подсознание.

Овладев сначала каждым шагом отдельно и последовательно, вы постепенно привыкнете использовать их одновременно, как три составляющие части одного приема. Потренировавшись в этом один-два месяца, вы заметите, как подсознание начало само реализовывать программу на удачу и везение даже без вашего участия. Все будет удаваться само собой! Но для начала научитесь применять программу сознательно. Как тренироваться в ее применении? Как только вам покажется, что события приобретают нежелательный для вас оборот, или что-то в окружающем мире настораживает — скорректируйте ситуацию при помощи трех шагов программы. Делайте так до тех пор, пока события не начнут автоматически разворачиваться в вашу пользу. На это, как я уже сказал, потребуется месяц-два. А за год вы достигнете полного совершенства в деле управления своей удачей.

Даже тогда, когда программа начнет действовать автоматически и подсознательно, вы сможете в случае надобности применять ее и локально, для достижения конкретной цели. Правда, в этом случае будьте осторожны, так как метод, который я вам предлагаю, является очень жестким, поскольку он, как вы заметили, предельно конкретен. С непривычки и без должной тренировки вы можете невзначай, пытаясь управлять окружающими, очень жестко и внезапно напасть... на самого себя. Подсознание и энергоинформационные структуры сознания могут сразу не заметить такой аутоагрессии, так как реагируют на такие вещи несколько замедленно. Ну что же, вы в таком случае извлечете из ситуации нужный урок и постараетесь больше так не делать. Что касается вашей цели, то она и в этом случае будет достигнута, при этом даже гораздо легче, чем вы ожидали, но не тем путем, какой вы наметили. В этом случае происходит вот что: вы задействуете максимум неприкосновенного запаса своей энергетики и решаете проблему без помощи окружающих, исключительно благодаря своим внутренним резервам. Метод чрезвычайно энергозатратный и истощающий, чтобы рекомендовать его к применению.

Как применять метод локально? Рекомендую следовать следующим ступеням.

1. Определение цели и проверка ее на истинность (гармонирует ли она с эталонным состоянием, или в эталонном состоянии о достижении этой цели и думать противно?).

2. Определение пути достижения цели (каждый этап ее достижения сверяйте с эталонным состоянием, чтобы на всех этапах достижение цели было приятным процессом; оцените так же затрату усилий — не чрезмерна ли, и возможные побочные эффекты — нужны ли они вам?).

3. Фиксация цели на бумаге — это поможет в ее конкретизации и осуществлении.

4. Интеграция цели в подсознательные структуры — введение намерений в эталонное состояние.

5. Программирование окружающих на помощь вам — на протяжении двух-трех бесед с излучением из Аджна-чакры.

Примечание: пункт 4 надо повторять ежедневно в течение недели.

Попробуйте проделать это с любой локальной целью (женитьба, повышение зарплаты, улучшение жилищных условий). Конечно, разные цели потребуют разного времени исполнения — подсознанию может потребоваться время, чтобы привести вас к выгодно складывающемуся стечению обстоятельств. Но будьте уверены: вы обречены на успех.

Одна из моих учениц в совершенстве освоила изложенные в этой главе шаги системы ДЭИР, и все в ее жизни начало складываться как бы само собой. Все ее желания осуществлялись будто по мановению волшебной палочки. Началось с мелочей: захотела красивую кофточку — и именно такую купила. Захотела поехать в Италию — поехала. Дальше — больше. Захотела познакомиться с мужчиной — познакомилась. И так далее. Но вот один камень преткновения в ее жизни все-таки оставался и никак не исчезал. Дело в том, что она жила в коммунальной квартире, а вопрос с отдельной квартирой все никак не решался. В чем дело — было неясно. Вроде бы желание истинное и вполне естественное, но никак не осуществляется. Я предложил ей задействовать программу на удачу локально — применительно к данной конкретной цели. Она начала это делать. Что-то ее все время настораживало в эталонном состоянии — что-то мешало с удовольствием думать о переезде в новую квартиру. Начали разбираться.

— Подумай как следует, — говорю, — что-то все же мешает твоему желанию жить в отдельной квартире стать истинным. Что-то тебя пока держит в старой квартире, не очень-то ты на самом деле хочешь оттуда уезжать...

Оказалось, все очень просто: у нее были хорошие дружеские отношения с соседкой, и подсознательно она не хотела с нею расстаться и остаться одной в новой квартире. Да и соседку было жалко: ей отдельная жилплощадь не светила, а кого подселят, было еще неизвестно.

— Знаешь, — говорю, — давай-ка подождем немного с осуществлением этого желания. Похоже, пока тебе не очень нужна новая квартира.

Прошло время, позитивные изменения в жизни моей ученицы продолжались. Во-первых, она получила повышение по службе, а поскольку она занималась научной работой, теперь ей приходилось много работать дома, к чему условия коммунальной квартиры не очень располагали. Во-вторых, она вышла замуж. И тут уже окончательно стало ясно, что отдельная квартира необходима.

Она снова начала локально применять программирование на получение квартиры. Получалось значительно лучше, но какая-то заноза в эталонном состоянии все же ощущалась. Оказалось, «заноза» все та же — соседка... Она пошла к соседке. Поговорила с применением излучения из Аджна-чакры. Соседка неожиданно согласилась, что им обеим нужны отдельные квартиры. Договорились: если разъедемся, все равно будем ходить друг к другу в гости, будем дружить. Соседка вдруг вспомнила, что у нее на работе есть сотрудница, чью коммуналку расселила какая-то фирма и дала всем семьям по отдельной квартире. Пообещала узнать об этой фирме. На следующий день прибежала счастливая: фирма-то продолжает расселять коммуналки и только и делает, что ищет подходящие квартиры. Не прошло и месяца, как обе женщины уже жили в отдельных двухкомнатных квартирах, да еще и денег в придачу получили, потому что старая их квартира была в очень дорогом старом фонде. Кстати, моя ученица и соседку-подругу привела учиться системе ДЭИР. В итоге и та тоже удачно вышла замуж и нашла новую, гораздо более высокооплачиваемую работу.

Начав практиковать данное программирование, вы очень скоро обнаружите, что этот новый способ жизнедеятельности в корне отличается от того, к которому вы привыкли до перехода на новую ступень эволюции.

Раньше ведь обстоятельства или другие люди все время вынуждали вас делать что-то такое, что вам не очень-то было приятно. Раньше ради получения вожделенной прибавки к зарплате вам приходилось все время насиловать себя и горбатиться сверх всякой меры — то делать отчет для шефа, то оставаться на сверхурочную работу, то составлять какие-то бессмысленные бумаги.

Теперь же ради той же самой прибавки вы делаете только то, что вам делать легко и приятно. Все приходит как бы само собой и приносит вовсе не утомление и оскомину, а только радость. Так и должно быть. Это и есть норма. Норма, от которой человечество отошло очень далеко.

Поэтому люди только и твердят друг другу: «Жизнь сложна, в ней не могут быть одни радости...» Глупости и еще раз глупости. Жизнь легка и приятна, в ней могут и должны быть одни радости. Вот к такой норме надо стремиться. Я это заявляю со всей ответственностью. Если жизнь тяжела и безрадостна, это говорит только о том, что вы далеко не совершенны, что поддаетесь ложным целям и не принадлежите себе. По мере продвижения к совершенству жизнь начинает приносить только радость, а никак не утомление.

Нормальная схема человеческой жизнедеятельности такова: вот есть желание, вот пришли возможности, вот пошел процесс, вот цель достигнута. Можно идти дальше, к следующей цели, к следующему этапу. Человек при таком образе жизни не истощает себя, не утомляется, не приходит к жизненному тупику, как большинство людей, а напротив, растет, развивается, улучшает качество своей жизни, обогащает себя духовно — в общем, беспрерывно эволюционирует.

Таков истинный результат программирования себя на удачу и везение.

Глава 3

Программы на эффективность собственных действий

Если вы твердо усвоили, чем отличаются истинные желания и цели от ложных, если вы поняли, что значит следовать только истинным желаниям, — значит, вас можно поздравить: вы уже значительно облегчили себе жизнь.

Большинство обыкновенных людей не понимают, что, выполняя ложные желания, они обрекают себя на последующие мучения: неблагоприятные цепочки событий вследствие выполнения ложного желания могут тянуться очень долго, отравляя человеку буквально всю его жизнь. Люди, не понимая этого, потом сетуют: «Ах, за что я так страдаю? Чем же я провинился? Ах, как это несправедливо...» И многое еще в таком же духе можно услышать от них. Эти люди не понимают, да и не хотят понимать, что виноваты только они сами, что они расплачиваются за собственные ложные желания.

Вы теперь избавлены от подобной слепоты. Вы теперь можете проанализировать свою жизнь, сделать выводы из своих прошлых ошибок, чтобы больше не повторять их (а ошибки эти есть у всех без исключения, вы ведь раньше ничего не знали о том, как отличать ложные желания от истинных). Следуя лишь истинным своим желаниям, вы увидите, что жизнь стала течь легко и гладко, без проблем, препятствий и мелких неприятностей, которые преследовали вас раньше на каждом шагу. Кроме того, научившись следовать истинным желаниям, вы легко справитесь с чувством дезориентации и растерянности, преследующим каждого, кто не знает, чего он на самом деле хочет. Уверяю вас, таких, не знающих, что им на самом деле надо, среди людей большинство!

Вами теперь не управляют извне ни другие люди, ни социум, ни энергоинформационные паразиты. Вам никто не навязывает своих программ, желаний и целей. И прекрасно! Это как раз то, что вам нужно, это — свобода. Теперь вы живете в соответствии только со своими собственными желаниями и целями.

И все-таки избавиться от ложных желаний — это еще не все. Вы и сами, наверное, это чувствуете. Возможно, даже избавившись от ложных желаний, вы продолжаете ощущать внутри себя какое-то смутное беспокойство, раздражение, неудовлетворенность. Кроме того, вам по-прежнему может казаться, что что-то в своей жизни вы делаете не так.

Причина для такого состояния существует, и вполне определенная. Да, вы начали следовать вашим истинным желаниям, но при этом вы продолжаете жить все в том же обществе, общаться все с теми же людьми, вы ходите по тем же улицам, живете, скорее всего, в той же семье. И если даже с началом освоения системы ДЭИР в вашей жизни произошли такие большие перемены, что вы поменяли и семью, и город, и место работы (и такое бывает, но, как правило, лишь с теми, кто уже освоил всю систему ДЭИР в совершенстве), то вы ведь все равно не улетели ни на Луну, ни на Марс, вы остались человеком, и притом существом, живущим в социуме. Вот в этих-то обыденных и каждодневных отношениях с социумом как раз и появилось нечто, что вас страшно раздражает и даже просто-таки выводит из себя. В чем дело?

А в том, что человека, завершившего освоение первой ступени ДЭИР, общество как бы перестает замечать. Такой человек становится для социума как будто прозрачным. Я уже приводил пример с моим другом — композитором и исполнителем эстрадных песен. Помните? И успехи его, и провалы вдруг перестали замечаться и публикой, и прессой. Причины этого явления нужно понимать и уметь преодолеть, потому что это не что иное, как одно из очевидных и обнадеживающих проявлений свободы. Вы сражались за нее — и вы ее добились.

СВОБОДА ОТ ПОДАЧЕК, СВОБОДА ОТ ПЛЕТЕЙ

В том, что подобное происходит и с вами, нет ничего удивительного. Ведь вы перестали жить по законам человеческого сообщества. Вы теперь живете по другим законам — по законам своей энергоинформационной сущности. Вы выпали из той схемы, по которой существует все общество. А выпав из схемы, выпали и из поля зрения этого общества, стали для него незаметны.

С одной стороны, это замечательно. Ведь это свобода. Это означает, что вы больше не связаны тысячью цепей с патологически ориентированным социумом. Но с другой стороны, все это сопровождается некоторым нежелательным эффектом: вы, конечно, заметили, что большинство действий, которые вы раньше совершали автоматически и на которые так же автоматически получали в ответ нужный результат, теперь вдруг стали абсолютно бесполезными.

Привычные действия, всегда бывшие эффективными, вдруг стали неэффективны! Вас с вашими действиями (заметим: действиями, связанными с взаимоотношениями с социумом) действительно как будто никто не замечает. Обратите внимание: в данном случае мы говорим не о кармических взаимоотношениях, не о нарушении причинно-следственных связей, имеющих отношение к карме. Кармические-то проявления на данном этапе вашего развития как раз становятся более напряженными и проявленными: последствия нежелательных деяний, вызванных ложными целями (а это и есть накрутка кармы), как раз не замедляют сказаться. Об этом мы будем подробно говорить в одной из следующих глав. Но сейчас — не о карме, а о самом обычном, бытовом вашем поведении, которое вдруг начало оставаться без последствий.

Раньше вы знали точно: если вы хорошо поработали, начальник вас похвалит и выдаст премию. Опоздаете на работу — получите выговор. Совершите какую-то ошибку — все будут вас осуждать или, может быть, наоборот, будут вам сочувствовать. Так все было просто, понятно и естественно. Теперь вы можете совершать какие угодно ошибки или, наоборот, добиваться каких угодно успехов — для окружающих вас как будто нет, они вас не видят, не замечают ни ошибок, ни успехов. Все это уходит впустую, как вода в песок.

Некоторые из моих учеников даже физически ощущали, как оказались в пустоте, в каком-то вакууме, что те упругие связки, которые раньше шли от них к другим людям, теперь перестали существовать. Когда этих связок нет, человек хоть и находится среди других людей, но он все же оторван от них, он предоставлен сам себе, он отдельный остров в человеческом океане.

А обрывает эти энергетические связки с другими людьми и с социумом в целом как раз ваша новая защитная энергетическая оболочка, устанавливать которую мы с вами научились еще в первой книге. Эти связки были не чем иным, как ниточками, за которые социум дергал вас, как марионетку. Теперь этих связок нет.

Разберем подробно все происшедшее — как вышло так, что социум потерял вас из виду?

Представим себе наш социум в виде гигантского механизма — к примеру, конвейера по производству каких-либо деталей. Только в нашем случае этот конвейер не похож на обычное производство — ведь он запускается энергоинформационным паразитом. Винтики, колесики и прочие части этого конвейера — это люди, обычные люди, не умеющие освобождаться от тягостного рабства, в котором их держит общество. Производимые на конвейере детали — это тоже люди. Все действия (разумеется, критически важные) заранее запрограммированы и предусмотрены энергоинформационным паразитом. Вот обрабатываемая деталь подается на рабочую площадку. Вот сверху опускается штамп, оказывает на деталь нужное давление и придает ей нужную форму. Вот при помощи специального захвата деталь забирается с рабочей площадки и поступает дальше для дальнейшей обработки. И так далее. Для каждой детали предусмотрен определенный цикл движений разных механизмов конвейера, детали поступают через строго определенные промежутки времени. Все четко, все скоординировано, ничто не нарушает процесса, и результат получается заранее запрограммированный.

Но представьте себе такое: вдруг на конвейере откуда ни возьмись возникает лишняя деталь — абсолютно не вовремя и не на нужном месте! Ее появление не было предусмотрено, она вне системы, она сама по себе. Она появилась то ли раньше, то ли позже, чем надо. Естественно, для нее не предусмотрено отдельного цикла движений механизмов конвейера. И вот штамп ударяет по пустому полотну, захват смыкается на пустом месте, а деталь проплывает мимо, так и оставшись необработанной.

Хотите знать, что это за лишняя деталь на полотне конвейера, запущенного энергоинформационным паразитом? Не догадываетесь? Да, это вы — вы сами, собственной персоной, дорогой читатель, вы — после освоения первой ступени системы ДЭИР. Вы, так же как эта деталь, нарушаете все планы и программы энергоинформационного паразита.

Может быть, вас уже не радует это обстоятельство? Может быть, вы хотите обратно на хорошо знакомый конвейер со штампами и захватами, которые бьют точно и без промаха? Нет проблем: если желаете — можете вернуться. Но предупреждаю: счастья вам это не принесет. Я хочу предложить вам гораздо более приятную и радостную перспективу. Я хочу предложить вам самому стать организатором и координатором огромного конвейера, но только такого конвейера, который, в отличие от энергоинформационного паразита, будет работать во благо вам, а в конечном итоге — во благо и другим людям, вырывая и их тоже из лап энергоинформационных паразитов.

Вы уже поняли, что лишняя деталь на конвейере нарушает работу механизма, запущенного энергоинформационным паразитом. Она может даже вывести из строя весь конвейер. Так же и вы можете стать той деталькой, которая разрушает патологическую структуру. Не забывайте, что вы в процессе освоения системы ДЭИР становитесь одним из

предвестников будущего человечества. А человечество будущего должно быть полностью избавлено от паразитических
энергоинформационных структур, иначе людям не выжить.
Вы начинаете благотворную работу по освобождению человечества уже сейчас.

Как происходит в реальной жизни выпадение человека,
осваивающего систему ДЭИР, из поля зрения социума и как
при его участии разрушаются патологические структуры, я
продемонстрирую вам на конкрентном примере.

Одна из моих учениц работала в престижной и преус-
певающей организации. Причем была там очень заметным
человеком. Она привыкла всегда быть в центре внимания —
а без внимания ее не оставляли, потому что она была не
только прекрасным сотрудником, но и интересной женщиной. Какое-то время она даже страдала от такого назойли-
вого внимания, но, с другой стороны, это ей льстило. Поскольку работником она была хорошим, ее часто хвалили,
всячески отмечали ее заслуги. Кроме того, мужчины без
конца рассыпались в комплиментах ее красоте, а женщины, соответственно, завидовали. Когда она приезжала из отпуска, мужская часть коллектива неизменно застывала в
столбняке: «Загар у вас, Людочка, атомный!» (такой уж жар-
гон был принят в этом коллективе, извините, что называется, за цитату). Когда она шла в буфет пить кофе, за ней
тянулся целый отряд поклонников. Когда надо было кого-
то отправить на престижную конференцию с докладом —
отправляли ее. И так далее.

Но, надо сказать, и промахи ее были заметны. И хоть
они были редки, но ей их не прощали — нс прощали то, что
легко спускалось с рук другим, менее заметным сотрудни-
кам: малейшее опоздание, мельчайшие недоработки. В общем, на работе она не могла позволить себе расслабиться
ни на секунду.

Но как только она освоила первую ступень системы
ДЭИР, на службе у нее начались странности. Заметила она
эти странности непосредственно перед отпуском. Она пришла к начальнику с заявлением, ожидая, что он, как всегда, начнет уговаривать ее не уходить сейчас в отпуск, будет
говорить, как без нее тяжело справляться с навалившимся
объемом работы, какой она незаменимый сотрудник. Она

даже в ожидании такого разговора заготовила кучу аргументов, чтобы убедить начальника все же отпустить ее отдохнуть.

Но начальник — впервые за все время ее работы — подписал заявление, не сказав ни слова и даже не взглянув на нее. Она вышла из его кабинета весьма и весьма разочарованной и в большом недоумении. Но на следующий день, к своему изумлению, она обнаружила свою фамилию в списке дежурств — начальник назначил ее на дежурство в период отпуска, как будто забыл о том, что только что подписал ее заявление. А ведь раньше он не отличался подобной невнимательностью. Ей пришлось зайти к нему в кабинет: «Иван Иванович, я же с двадцатого числа в отпуске, почему в графике дежурств моя фамилия?» — «Да что вы? — Голос его звучал весьма равнодушно. — Извините, ошибся». Он опять даже не взглянул на нее.

«Наверное, он не в духе. Дома что-нибудь», — решила она и уехала отдыхать с надеждой, что после все устаканится и вернется на круги своя.

Но не тут-то было. Она вернулась из отпуска, как всегда, с потрясающим загаром. Но... никто даже не глянул в ее сторону, никто не произнес ни одного комплимента. Никаких привычных восторгов она не встретила — все смотрели как будто сквозь нее и пробегали мимо. В буфете за столиком она сидела одна. А чуть позже узнала, что на ближайшей конференции доклад по ее теме будет делать другой сотрудник.

Ко мне она ворвалась чуть не в слезах:

— В чем дело? Я впала в немилость? Я стала плохим работником? Я постарела, подурнела? Почему от меня вдруг все отвернулись?

— Успокойся, — говорю. — Ты молода и хороша, как никогда. И свои способности ты вряд ли растеряла. Дело все в том, что ты стала лишней деталью в этом механизме. Так и знай: твоя хваленая организация, как и любая другая, — просто насквозь патологическая структура, и, конечно, она начала отторгать тебя, как только ты стала свободным и гармоничным человеком.

— Так что же мне теперь делать? — спросила она, немного успокоившись.

— Не мешать разваливаться патологической структуре. Не мешать умирать тому, что уже отжило свое. Ты одним только своим присутствием уже раскачала эту лодку — ты, свободный человек, до определенной степени разрушила планы энергоинформационного паразита, захватившего твою организацию. Ты нарушаешь ту программу, которую выполняют люди — винтики этой системы, вот поэтому они тебя не замечают. Не волнуйся, они это делают подсознательно, сами себе в этом не отдают отчета, они не осознают, что изменили отношение к тебе. Они подсознательно чувствуют в тебе опасность своему размеренному существованию, вот и бегут от тебя. Продолжай работать, как прежде, и ни о чем не переживай — все идет по плану. Используй программы на эффективность действий. И когда на месте рухнувшей структуры возникнет новая, гармоничная, твои действия снова будут иметь результат и на них снова будут откликаться другие люди — только это будут действия, нужные тебе, а не энергоинформационному паразиту, и результат, нужный тебе.

Людмила вняла моему совету и продолжала работать дальше, постепенно привыкнув к своей «прозрачности». Со временем она оценила ту свободу, которую эта «прозрачность» давала. Она научилась этим пользоваться. Теперь она не нервничала, как прежде, если чувствовала, что опаздывает на работу, — знала, что на это вряд ли обратят внимание. Если ей было нужно, она могла вообще не прийти на работу и на следующий день убедиться, что сотрудники не заметили этого. А ведь раньше самого краткосрочного ее отсутствия было достаточно, чтобы все начинали кричать: «Где она? Почсму ее нет? Она должна быть здесь!» Теперь же она могла спокойно уходить и ни перед кем ни в чем не отчитываться. При этом ни у кого не возникало к ней никаких вопросов. Но зарплату ей платили по-прежнему. И ситуация постепенно начала ее устраивать.

Вскоре в ее организации стали происходить некоторые события. Началась аудиторская проверка. И начальство было уличено в финансовой нечистоплотности. Оказалось, что вся работа, которую проделывала организация, шла практически впустую, а отпущенные деньги оседали в чьих-то карманах. Организация оказалась близка к банкротству. Была обнаружена еще масса злоупотреблений. Вся верхушка слетела со своих насиженных мест. Оказалось, как я и предполагал, что контора насквозь прогнила и моя ученица была там чуть ли не единственным честным человеком, не замешанным ни в каких махинациях.

Теперь пришла пора действовать ей. Она освоила программы на эффективность собственных действий. В результате именно она стала новым руководителем этой организации. Она почти полностью поменяла штат сотрудников и взяла на работу многих своих знакомых по курсам ДЭИР. Сейчас эта организация под ее руководством стала, пожалуй, единственной принципиально новой для нашего общества структурой, которая не зависит от энергоинформационных паразитов и занимается крайне важным и нужным делом, по большому счету — работает на будущее человечества.

Вот что получилось: то, что Людмила поначалу приняла за неудачи, оказалось вовсе не неудачами, а началом будущих успехов — это на самом деле было просто следствие отсутствия поддержки энергоинформационного паразита. Цепь событий, предусмотренная энергоинформационным паразитом, просто перестала включать в себя Людмилу, как человека свободного и независимого. В итоге все ее действия и поступки начали как бы угасать, перестали получать поддержку со стороны окружающих, перестали усиливаться окружающей средой и вызывать ответную реакцию.

Помните, что такое усилитель? Грубо его можно сравнить с множеством взведенных, от слабенькой до очень мощной, пружин — чуть качнется одна, и сразу же сработает другая, третья... Процесс пошел. Можно также привести в пример ретрансляционную станцию: она получила сигнал, подхватила его, усилила и уже усиленным излучает его в пространство. Так и люди подхватывают программу энергоинформационного паразита, усиливают ее своими словами и действиями и передают эстафету другим людям. Так происходит в обществе, служащем источником энергии для энергоинформационных паразитов, которых само это общество когда-то и породило.

Вы отключились от этих паразитов, вы больше не зависите от них, из вас больше не выкачивают энергию, вас больше не программируют извне. Но и ваши действия больше не усиливаются, не подхватываются никем извне — ваши действия угасают, затухают, остаются без ответа.

Поначалу это тяжело, ведь человек на протяжении своей жизни привык к тому, что некоторые события происходят как бы сами собой, автоматически. Когда эти события вдруг перестают происходить, человек теряется, ведь нарушается его связь с обществом.

Представьте себе состояние человека, в доме у которого вдруг сломался телефон. То он совсем отключается, а то вдруг совершенно неправильно соединяет. В квартире потек кран, человек звонит в аварийную, а попадает то в кинотеатр, то в поликлинику, то в чью-то квартиру. К нему в дверь ломится хулиган, он набирает 02, а в трубке слышит: «Московское время 16 часов».

То, что происходит с человеком, начинающим осваивать систему ДЭИР, очень похоже на такую «игру» в испорченный телефон. Вы кого-то ругаете, а он даже не реагирует, хотя раньше всегда обижался. Вы делаете доброе дело, но никто на это не откликается — благодарности не дождетесь. Вы предлагаете начальнику новый проект, который должен привести вашу фирму к процветанию, но начальник не слышит, думает о чем-то другом, вас с вашим проектом не замечает. А вы-то думали, ваш проект примут на ура, продвинут, ваши акции возрастут, вам поднимут зарплату. Но на начальника как будто затмение нашло. Вы и так ему, и эдак все выгоды расписываете — ноль эмоций. У него что-то другое на уме, ему не до вас. Либо вариант — он принимает проект, но никак не оценивает ваш вклад.

На самом деле все это понятно и естественно. Ведь то, что вы предлагаете начальнику, вовсе не нужно энергоинформационному паразиту. У вас новые цели, которые не были предусмотрены энергоинформационным паразитом. Вы со своими проектами рушите все его планы. Вы не попадаете в фазу, предусмотренную этим паразитом, отсюда ощущение, что вы все делаете невпопад. На ваши действия энергоинформационным спрутом не предусмотрена ответная реакция со стороны социума.

Но если вы не сдадитесь, если вы останетесь человеком независимым и будете продолжать гнуть свою линию, то вы в конечном итоге разрушите весь механизм, запущенный энергоинформационным паразитом. Чтобы самому стать хозяином положения.

Человек, выпавший из поля зрения общества, напоминает героя сказки про шапку-невидимку. Надев эту волшебную шапку, он теряется среди огромной толпы людей — его никто не видит. Но какую гигантскую свободу получает этот невидимый человек! Мы с вами сейчас тоже похожи на человека в шапке-невидимке. И нам просто необходимо научиться правильно пользоваться этой свободой.

Но при этом нужно помнить, что у нашей с вами шапки-невидимки есть одна особенность: как только мы начинаем пользоваться ею неправильно, она теряет все свои свойства. Мы снова мгновенно становимся видимыми, то есть снова включаемся в патологическую сеть, созданную энергоинформационным паразитом, начинаем плясать под его дудку и становимся одной из деталей в гигантском конвейере социума. Так что будем помнить, что свобода — это далеко не вседозволенность. И постараемся избежать соблазна (хотя соблазн этот велик!), пользуясь своей «невидимостью», начать выполнять множество пустых, ложных желаний.

Итак, перед нами стоит задача: вкусить все преимущества свободы, при этом не отягощая свою карму и действуя только во благо и себе, и окружающим, а также сделать свои действия эффективными, получать от них нужный нам результат и поддержку окружающих.

Чтобы это сделать, надо научиться использовать энергию — и свою, и окружающих людей — в мирных целях. Ведь сколько своей энергии эти люди отдают ежесекундно энергоинформационным паразитам — это же просто не приведи Господь! Все, что вам нужно, — это перехватить часть этой энергии и самому научиться этими энергетическими потоками управлять. Это вовсе не значит, что вы сами должны теперь стать этаким энергоинформационным паразитом, — вам это не удастся даже при всем желании, ведь у вас нет такой поистине безграничной энергии. Но вам придется научиться пользоваться, в сущности, теми же механизмами, которые использует энергоинформационный спрут.

Только не пугайтесь: вам ни в малейшей степени не придется уподобляться паразиту. Ведь изначально механизм, которым пользуется паразит для подталкивания человека к действию, был предназначен вовсе не для паразита, а для людей — для поистине свободных людей, которым этот механизм был дарован свыше энергоинформационным полем. Этот механизм просто отнят у людей — он узурпирован самодостаточными суммарными движениями энергии, то есть энергоинформационным паразитом. Так что я предлагаю вам лишь вернуть себе то, что принадлежит вам по праву.

Как только вы возвращаете этот механизм себе, вы сразу получаете огромные преимущества по сравнению с обычными людьми. Обычный человек тратит массу энергии на то, чтобы его действия были эффективны и приносили пользу лично ему, но при этом его все равно используют, его все равно подставляют, он платит непомерную плату за услуги энергоинформационного паразита по поддержке его действий, и все равно он запутывается в событиях, и все равно он чаще всего не добивается желаемого результата. Вы же, освоив программы на эффективность, всегда будете получать именно то, что вам надо. Но вам, конечно, при этом придется рассчитывать только на себя.

СОСТАВЛЕНИЕ ПРОГРАММ НА ЭФФЕКТИВНОСТЬ

Теперь о сути самой методики программирования на эффективность действий. Для начала вспомним предыдущую главу — то место, где рассказывалось, как обеспечить себе помощь окружающих при реализации истинного желания. Там вы учились пользоваться излучением из Аджначакры. И если вы хорошо усвоили содержание первой книги, то легко поймете, что при этом вами использовался преимущественно восходящий поток энергии — именно он излучает через Аджна-чакру жесткие эмоционально окрашенные энергетические воздействия.

Теперь же вам придется освоить еще и воздействие при помощи нисходящего потока. Нисходящий поток, как вы помните из первой книги, обладает собственно программирующим воздействием.

Только не пугайтесь слова «программирование». Я вовсе не собираюсь учить вас кого-то зомбировать или оказывать на окружающих какое-либо вредное влияние. Подумайте сами: если вы человек свободный, гармоничный, выключенный из патологических связей, разве вы сможете излучать патологические программы? У вас просто нет и быть не может таких программ. А то, чего нет, невозможно и передать другому. Все ваши желания — истинны, то есть они находятся в полном соответствии с вашей внутренней гармонией, с гармонией свободного человеческого существа, и, следовательно, благотворны. А это значит, что все те программы, которые вы сможете излучать, будут прямо или косвенно направлены только на добро, на установление гармонии, на достижение свободы для как можно большего числа людей, на преодоление патологического воздействия энергоинформационных паразитов.

Как только вы научитесь применять одновременно оба типа излучения — эмоциональное (восходящий поток) и программирующее (нисходящий поток), вы легко освоите весь механизм запуска эффективного действия. Именно с помощью этих двух потоков включается поддержка окружающих и обеспечивается эффективность любого действия. Сначала осуществляется программирование. Этот процесс можно уподобить закладке топлива в печь. А потом высекается искра эмоционального воздействия. Так и разгорается пламя, так и начинает работать запущенный механизм. Так ваша гармонизирующая программа начинает распространяться на окружающих.

Прежде чем вы научитесь применять этот метод на практике, я хочу познакомить вас с несколькими общими правилами его применения.

Правило первое. Не пытайтесь применять вербальные программы для повышения базовой эффективности своих действий, то есть не пытайтесь воздействовать на окружающих при помощи слов (конкретный эффект при помощи программирования может быть достигнут, но об этом — об управлении людьми — речь в третьей книге). Не надо разговоров, внушений, проработок и прочих воспитательных методов, действующих при помощи словесного воздействия. Это вызовет только резкий протест со стороны окружающих. Причина проста: как только вы выражаете ваши намерения вслух — энергоинформационный паразит при помощи ваших собеседников начинает пытаться пресечь ваши намерения, ведь они не совпадают с его планами. Поэтому действуйте без разговоров и запомните: люди не должны догадываться о ваших планах. Только тогда, когда вы начнете влиять на людей без слов, они воспримут ваши программы спокойно, как что-то естественное, и даже начнут считать их своими собственными.

Подобный эффект наиболее ярко можно наблюдать при общении с детьми. Заметьте, любое прямое словесное воспитательное воздействие на ребенка обычно имеет обратный эффект. Вы говорите ребенку: «Не свисти!» А он начинает свистеть еще громче. Вы говорите ребенку: «Иди обедать!» И слышите в ответ: «Не хочу!» Но если вся семья сядет обедать, а ребенка не позовут — будьте уверены, он прибежит сам. Родительская программа голода и желания пообедать начнет воздействовать на него, и он сам запросит еды, будучи уверенным, что это его собственное желание.

Это подсознательное стремление делать все наоборот свойственно не только детям. Начиная с детства оно действует всю жизнь. Так руководит людьми энергоинформационный паразит, привыкший использовать в качестве топлива энергетические составляющие человеческого протеста против любого требования, выраженного в словах.

Правило второе. Запуская программу на эффективность действий, не пытайтесь достичь сразу слишком многого. Остановитесь сначала на какой-то одной цели. Не стремитесь сразу и внедрить новый проект, и получить новую должность, и возглавить целое научное направление, и написать книгу, и стать популярным певцом, и поехать в загранкомандировку, и выйти замуж за гражданина княжества Лихтенштейн. На все это сразу у вас просто не хватит энергии — повторяю: вы отнюдь не энергоинформационный паразит с его гигантскими энергетическими возможностями.

В описанном мною примере с моей ученицей Людмилой цель была заявлена только одна: создать новый коллек-

тив, который будет работать по законам энергоинформационного поля и во благо каждого члена этого коллектива, а
также всех возможных партнеров и клиентов. В итоге получился и коллектив, и руководящая должность, и высокая
зарплата, и загранкомандировки, и новое научное направление. Так что ограничьтесь чем-то одним, и не исключено, что вы получите гораздо больше, чем «заказывали».

Правило третье. Ваша программа должна быть сформу-
лирована в позитивном ключе. То есть в формулировке
программы должны отсутствовать как частица «не», так и
слова, обозначающие нежелательные явления. Иначе программа станет негативной. «Не хочу болеть» — это пример
неправильной программы. «Хочу быть здоровым» — пример
правильной программы. В первом случае человек обрекает
себя на болезнь — ведь само понятие «болеть», присутствую-
щее в формулировке программы, начинает действовать и работает при ее исполнении. «Хочу быть здоровым» — реально программирует на здоровье.

Прежде чем читать дальше, убедитесь, что вы действительно поняли эти три правила и очень хорошо их усвоили.
Только после этого вы можете считать себя готовым к освоению самой техники.

Система навыков ДЭИР
ступень II

Шаг 5. Техника применения программ на эффективность своих действий

Суть техники состоит в том, что вам придется
слегка «подвинуть» энергоинформационного паразита, за-
менив его программы своими собственными. Это — бла-
гое дело, ведь вы вытесняете разрушительные программы
энергоинформационного паразита и заменяете их своими
созидательными программами. Не сомневайтесь, и такое
вам уже под силу. Ведь программирующее воздействие
энергоинформационного паразита, по большому счету, не
столь и сильно — паразит берет не силой, а широким охва-
том и длительностью воздействия. Он действует по принципу «капля камень точит». Ваше влияние может быть не
столь широко распространенным и всеобъемлющим, но более сильным.

Теперь собственно техника. Действие, которое вам предстоит выполнить, состоит из трех фаз.

Первая фаза: создание программы в своем сознании.

Вторая фаза: внедрение программы в собственное эфирное тело, чтобы она начала излучаться через ваши чакры.

Третья фаза: обеспечение собственно программирующего воздействия — отдача программы.

Подробно разберемся в каждой из всех трех фаз.

Шаг 5а. Создание программы в своем сознании. Чтобы качественно заложить программу в свое сознание, вам опять придется вспомнить об эталонном состоянии. Вообще надо сказать, что использование эталонного состояния может быть поистине безграничным. Это универсальный метод для решения очень многих проблем. Попробуйте подойти к этому методу творчески и использовать его в самых разных жизненных ситуациях. Эталонное состояние не помешает нигде и никогда.

В любой момент с помощью вхождения в эталонное состояние вы сможете стать значительно сильнее и собраннее, чем обычно. Идеал — это когда эталонное состояние становится вашим обычным постоянным состоянием. Стремитесь входить в эталонное состояние так часто, как только можете, чтобы со временем это состояние стало непрерывным.

Заметьте, что с того момента, когда вы установили защитную оболочку, вы становитесь в эталонном состоянии все сильнее и сильнее энергетически. Это происходит потому, что вы постепенно получаете доступ все к большему резерву энергии. Может быть, вы заметили, что некоторые ваши проблемы, такие, как плохое настроение, сложные отношения с окружающими, даже производственные трудности, связанные с людьми, уже решаются как бы сами собой, стоит вам лишь войти в эталонное состояние, — вам уже почти не приходится применять методики, направленные на избавление от сглазов, порч и прочих чуждых внедрений. Вся чуждая энергетика отлетает сама собой, лишь только вы входите в эталонное состояние. Это говорит о вашей возросшей силе, о том, что ваша энергия стала гораздо мощнее, чем прежде. С мелкими проблемами вы и вовсе справляетесь походя, практически их не замечая.

Когда я только начинал сам осваивать систему на практике, в моем окружении был очень мощный (как мне казалось тогда) вампир. После даже недолгого общения с ним я чувствовал себя разбитым, у меня начинались страшные головные боли, настроение резко ухудшалось. Мне требовался, как минимум, час времени, чтобы привести себя в норму. Причем для этого нужно было уединиться в тихой комнате, отключить телефон и предупредить домашних, чтобы меня не беспокоили. Больших трудов и огромной сосредоточенности стоило обнаружить в своем эфирном теле поражения, оставленные вампиром, и удалить их.

По мере того как я нарабатывал эталонное состояние и тренировался входить в него, на восстановление себя после воздействия вампира мне требовалось все меньше времени и сил. После установления защитной оболочки вампир оказался бессилен передо мной — пробить оболочку с первого раза он не смог. Это его страшно разозлило. Он начал действовать несколько более «изощренно»: истерически кричал, воздействовал на мои эмоции, буквально пронзал меня глазами — и в какой-то момент ему удалось-таки присосаться. После этого общения я ехал домой, настраиваясь на предстоящую длительную работу. Уже в автобусе я начал вхождение в эталонное состояние. Каково же было мое удивление и радость, когда в течение минуты вампирическая присоска отвалилась сама собой и я почувствовал, что моя оболочка снова стала цельной, сильной и очень большой — гораздо больше, чем прежде. Чуть позже я научился одним усилием воли в течение секунды сбрасывать целую гроздь мощных вампиров — причем независимо от того, где я в этот момент находился: хоть в автобусе, хоть на оживленной улице, хоть на научном симпозиуме. Еще через некоторое время ни один вампир ни при каких обстоятельствах уже не мог ко мне присосаться, как бы он ни злобствовал и ни старался.

Любая работа гораздо лучше удается в эталонном состоянии. Ученые достигают потрясающих результатов, люди искусства создают шедевры. Несколько курируемых мною спортсменов перед ответственным стартом научились входить в эталонное состояние — их результаты резко улучшились. Ведь эталонное состояние — это такое состояние, когда и сознание, и тело, и душа человека взаимодействуют наиболее гармонично, когда все органы и системы — и физические, и энергоинформационные — работают с предельной эффективностью.

Итак, вы четко и ясно в позитивном ключе сформулировали программу. Например: «Хочу написать книгу» или даже: «Я пишу книгу». Или: «Я внедряю в производство мой проект». И так далее, в зависимости от сферы ваших интересов. Для закладки интересующей вас программы в собственное сознание вы должны прежде всего войти в эталонное состояние. Теперь, не выходя из этого состояния, вы должны с предельной четкостью и конкретностью, во всех деталях и подробностях представить себе ту ситуацию, в которой вы хотите оказаться в результате своих эффективных действий.

Рассмотрим самый простой вариант: вы хотите получить новую должность, хотите стать начальником. Но если вы будете действовать обычными человеческими методами — выслуживаться перед вышестоящими, требовать себе эту должность, — у вас ничего не получится, ведь в планы энергоинформационного паразита не входит предоставление вам новой должности. Поэтому вы действуете по-другому, методом системы ДЭИР: входите в эталонное состояние и представляете себе, что вы уже занимаете новую должность, что вы уже начальник. Вот вы приходите на рабочее место. Садитесь за стол, уставленный телефонами. Просите секретаршу пригласить подчиненных на совещание. Они приходят, рассаживаются в вашем кабинете. Вы открываете совещание, рассказываете о своих планах, предлагаете новый проект. И так далее. Чем больше в вашем воображении возникнет ярких и конкретных деталей и подробностей вашей будущей деятельности на посту начальника — тем лучше.

Особое внимание нужно обратить на все этапы вашей деятельности в новой должности — вы же знаете, для чего вам эта должность нужна, не только ведь для того, чтобы в новом кресле посидеть. Вы должны как следует проработать в своем воображении все этапы желательных для вас событий — причем эти этапы должны составлять единое целое, быть составными частями единого процесса, каждый последующий этап должен вытекать из предыдущего. Вот вы стали начальником, вот организация под вашим руководством приступила к осуществлению нового проекта, вот проект принес плоды, работа дает ярко выраженный практический результат, ваша фирма резко наращивает доход, растут заработки сотрудников, вот появляются дочерние структуры... Это, конечно, лишь приблизительная схема, вы должны наполнить ее конкретным, только вашим содержанием.

Желательно, чтобы вы конкретно представляли себе всех тех людей, которые вам необходимы для осуществления цели. При этом по мере развертывания событий в вашем воображении вы должны проникнуться состоянием, которое сопутствует при достижении желаемого. То есть всю картину ваших достижений вы должны представлять себе не чисто умозрительно, а эмоционально — наслаждаться своими успехами и радоваться достижениям. Это очень просто: вы ведь наверняка не раз в своей жизни мечтали о чем-то приятном и замечали, как при этом на ваших губах блуждает блаженная улыбка. Вот и тут так же — помечтайте всласть и с удовольствием.

А теперь — самое главное. Вот вы «отмечтали» всю свою программу, прошли от начала до конца желаемую ситуацию в своем воображении. Теперь заметьте, как изменилось после этого ваше состояние. А ваше внутреннее состояние, если вы все сделали правильно, непременно изменится. Причем изменится обязательно в лучшую сторону: появится радость, уверенность, удовлетворенность от достигнутого — в общем, настрой должен быть весьма позитивным.

Ваша задача: запомнить это ощущение — ощущение изменения внутреннего состояния. Именно это интегральное ощущение и является подсознательным эквивалентом вашей программы. Именно так вы ощущаете программу, когда она проникла в ваш мозг. Это ощущение содержит все необходимые составляющие вашей программы — там, в этом ощущении, уже записаны вами и события, и их результат, и информация о потенциальных помощниках. Человеку, записавшему такое ощущение в своем сознании, достаточно получить малейший импульс к действию — и программа будет сама стремиться быть реализованной полностью и без остатка.

Итак, собственно программа вами создана — создана и заложена в сознание. Теперь вам нужно заложить ее в собственное эфирное тело, чтобы она, как светофильтр, нужным образом трансформировала излучение ваших нижних чакр и излучалась через них в окружающее пространство.

Шаг 5б. Внедрение программы в собственное эфирное тело. После того как вы хорошо запомнили и сохранили интегральное ощущение изменения собственного состояния в результате детальной проработки желательной ситуации, можно выйти из эталонного состояния. Но, даже выходя из него, не теряйте полученное ощущение.

Теперь вам предстоит работа непосредственно с этим ощущением. Сконцентрируйтесь на нем и представьте его себе в виде некоего сгустка энергии. Ваше ощущение должно стать не просто ощущением, а энергетическим образованием. Наполните его энергией, придайте ему как можно больше энергии — и вот уже ваше новое ощущение вы воспринимаете как мощное локальное энергетическое образование, которое сосредотачивается где-то в глубине вашего существа.

Кстати, попытайтесь определить, где именно «территориально» — в какой части вашего физического тела, в какой части вашего эфирного тела, вашего энергоинформационного существа — разместился этот сгусток энергии. Почувствуйте, как оттуда исходит пульсация, тепло, сила. Эта сила — ваша.

Теперь ваша задача состоит в следующем: созданный вами усиленный и концентрированный сгусток энергии вы должны переместить примерно на уровень середины тела, чтобы он расположился в области Манипуры, и слить его с нисходящим потоком энергии.

Сконцентрируйтесь на ощущении нисходящего потока энергии. Как вы помните из первой книги, нисходящий поток несет с собой энергию Космоса, которая питает человеческое сознание. Проходя через верхние чакры, этот поток насыщается программами, записанными в мозгу человека, — его мыслями, установками, то есть элементами конкретных особенностей данного сознания. Спускаясь до уровня чакр Свадхистаны и Манипуры, этот поток начинает вырываться наружу через эти две чакры, как через своеобразные окна. И, вырываясь наружу, воздействует на других людей — передает им те самые записанные в нем программы сознания. Но большинство людей делают это неосознанно, и, что еще хуже, через их нижние чакры в виде программ выбрасывается всякий мусор, а именно: те патологические установки, которые вбил в их головы социум. Поэтому большинство людей воздействуют на окружающих негативно, передавая им свои отрицательные, патологические программы. Ваша задача совсем другая: сознательно передавать окружающим свои позитивные и благотворные программы.

Вы уже записали в своем мозгу и сознании такую программу, вы оформили ее в виде ощущения, которое приобрело форму мощного энергетического сгустка, вы расположили этот сгусток на уровне Манипуры. Теперь вам следует слить воедино этот сгусток с нисходящим потоком энергии, чтобы энергетический сгусток плавно потек вместе с нисходящим потоком. Не бойтесь, что сгусток иссяк-

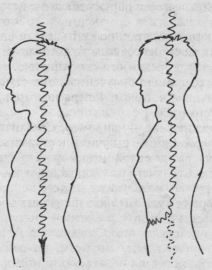

Рис. 5. Поток космической силы, пройдя через сознание человека, выносит наружу отблески его разума — программы, которые могут подчинять себе других.

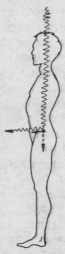

Рис. 6. Долго не нужно объяснять — внутренний рычаг в нижней части живота позволяет управлять движением нисходящего потока.

нет, что он весь вытечет наружу вместе с потоком, — если вы достаточно насытили его энергией, то этот сгусток (то есть ваша программа) стал, по сути, вашим вторым «я», то есть он фактически неиссякаем до того момента, пока вся программа не будет реализована полностью.

Итак, вы соединили полученный энергетический сгусток с нисходящим потоком. Теперь необходимо заложить основы для его отдачи окружающим. Сосредоточьтесь на одной из нижних чакр — например, Свадхистане. Вспомните, как в первой книге вы учились отдавать энергию через нижние чакры: для этой цели можно представить себе, что на уровне Свадхистаны расположена маленькая вращающаяся стрелка, которую вы можете поворачивать острием в ту сторону, куда вам надо направить энергию. Нужно настроиться на отдачу энергии — повернули стрелку вперед и почувстовали, как Свадхистана начала работать на отдачу энергии вовне. Впрочем, не обязательно использовать образ стрелки — вы можете настроиться на отдачу энергии так, как удобно именно вам. Кто-то может представить себе русло реки, вытекающей из Свадхистаны, для кого-то энергия может представляться в виде воздушного потока, для кого-то в виде луча прожектора. Так или иначе, вы должны сконцентрироваться на ощущении энергетического потока, вырывающегося из ваших нижних чакр.

Теперь ваша оформленная в энергетический сгусток осознанная программа выплескивается наружу и готова внедряться в окружающую среду. Теперь во внешних энергетических потоках, доселе контролируемых только мощными излучениями энергоинформационных паразитов, присутствуют четкие структуры вашего сознания, направленные на реализацию вашего желания. Каково бы оно ни было — желание получить повышение, квартиру, полюбить, заработать деньги, всегда казаться красивой, иметь непререкаемый авторитет; это желание оформлено в виде готового программного комплекса и нацелено на программирование окружающих. Но для того, чтобы программа начала воздействовать на окружающих в полную силу, вам придется особым образом настроить ее. Только тогда она начнет проникать в сознание других людей.

Шаг 5в. Обеспечение программирующего воздействия — отдача программы. Как же настроить программу на окружающих, чтобы ваши чакры оказывали на них свое программирующее воздействие?

Пройдя курс первой ступени ДЭИР и установив у себя защитную энергетическую оболочку, вы рефлекторно закрываетесь от энергетического взаимодействия с другими людьми. Вы теперь можете четко ощущать энергетические воздействия со стороны и пресекать их на корню. Но для того, чтобы не остаться в полной изоляции, для того, чтобы ваши действия были эффективны и имели результаты, некоторый контакт допускать все же необходимо. Ведь чтобы ваши программы подхватывались другими людьми, вам надо настроиться на отдачу этих программ другим людям. А отдача программ всегда сопровождается отдачей энергии. Вы хотите получить благоприятный для вас результат, а за это необходимо заплатить, потому что, как вы знаете, бесплатным в нашем мире бывает только сыр в мышеловке. И платить вы будете не чем иным, как своей собственной энергией.

Но не волнуйтесь, это вас не обессилит и не истощит. Известно, что не оскудеет рука дающего. Поэтому, приучившись отдавать часть своей энергии людям, вы очень скоро убедитесь в том, что взамен получаете много больше, чем отдаете!

Вы, может быть, замечали, что жадные, скупые, скаредные люди в конечном счете чаще всего теряют все то, что они накопили. В нашей стране это проявилось очень ярко — тысячи людей всю жизнь экономили на самом необходимом, не позволяли ни себе, ни своим близким полноценно жить и пользоваться материальными благами, которые могли быть им доступны. Они никогда не тратили деньги на подарки, на цветы, на красивые вещи — они держали себя и близких в черном теле и копили на черный день. Когда черного дня ожидаешь, он обязательно придет (ведь это тоже своего рода программа: человек сам себя запрограммировал на черный день — вот он и не замедлил настать). Черный день для этих людей проявил себя так, как они меньше всего ожидали: пропали все их сбережения на сберкнижках. Вот к чему приводит нежелание отдавать, вот к чему приводит желание только получать и копить жизненные блага.

И есть другие люди — жизнерадостные и жизнелюбивые бессребреники, которые никогда не были богачами, но никогда не считали денег — могли последнее потратить на подарки, на прием гостей или на какую-то приглянувшуюся им, но непрактичную вещь. Эти люди всегда щедро делятся с другими, без сожалений раздаривают свои вещи родным и друзьям. Вот они — настоящие баловни судьбы. Заметьте, что к ним чудесным образом приходит все необходимое для жизни, потому что другие люди с ними тоже щедры.

Этот закон равным образом применим и к деньгам, и к энергии. Человек, который делится своей энергией с окружающими, в ответ получает от них в сто раз больше энергии. Обратите внимание: индивидуум, который только требует от других, чтобы его любили, уважали, окружали его теплом и заботой, как правило, остается в одиночестве. Если же человек сам, первый, не дожидаясь отдачи от окружающих, безоглядно делится своей любовью, своим теплом — такой человек всегда любим, он всегда в центре внимания, ему все окружающие несут свои добрые чувства, то есть свою энергию. Тот, кто не скупится на отдачу энергии, тот и получает мощнейшие потоки энергии в ответ.

Итак, вы, надеюсь, поняли, что нельзя уподобляться этакому застоявшемуся пруду, который так боится потерять свою воду, что постепенно загнивает и превращается в болото. Надо быть чистым озером, в котором вода (читай: энергия) все время циркулирует, обновляется. Для этого необходимо, чтобы часть энергии все время вытекала — тогда на освободившееся место начнет притекать чистая, свежая, обновленная энергия.

Вот вы создали программу и поместили ее в область нижних чакр, присоединив к источнику энергии, которым является нисходящий поток. Теперь можно выходить в народ, можно открываться.

Беседуя с человеком, откройте поток энергии из нижних чакр. Ощутите — вот поток вырывается из ваших нижних чакр, вот он уходит в пространство, как бы в пустоту, вот достигает другого человека, а вот начинает им поглощаться. В этот момент вы гораздо острее ощутите своего собеседника.

Вам станут понятны его ощущения, вы начнете понимать его, как самого себя, — вы как бы вживетесь, вчувствуетесь в него, посмотрите на окружающий мир его глазами. И ощутите, что произошло настоящее чудо: вы поняли другого человека! В жизни большинства людей это случается очень редко. Люди зациклены на самих себе, они не видят дальше собственного носа, они не способны «влезть в шкуру» другого и понять его. А ведь это очень просто. Надо только настроиться на отдачу энергии другому и ощутить, как он ее поглощает. Более подробно об этом будет рассказано в третьей книге, посвященной освоению третьей ступени системы ДЭИР.

Вы почувствовали другого человека, почувствовали обратную связь. Но злоупотреблять этим ощущением не надо, уделите ему лишь несколько секунд — иначе это будет уже ваша ошибка. Слишком проникаться чувствами и мыслями другого человека опасно: можно потерять самого себя. А поэтому, почувствовав эту связь, сразу же отсеките ее. Продолжение этой связи будет означать, что вы слишком раскрылись.

Продолжайте концентрироваться на излучении, исходящем из ваших нижних чакр, — пусть собеседник продолжает поглощать это излучение, но сам процесс поглощения больше контролировать не надо.

Научитесь входить в это состояние при любом контакте с любым человеком. Просто ходите и излучайте! Вы увидите, как отношение к вам других людей резко изменится в лучшую сторону. Люди начнут к вам тянуться, они почувствуют в вас силу, почувствуют мощную программирующую и позитивно настраивающую энергетику, которой вы готовы делиться. Они начнут интересоваться вами, дорожить вашим советом, ценить ваше слово. Ведь у большинства нет сознательных программ, излучаемых на окружающих, у большинства нет столь мощной энергетики. По сути, то, что вы делаете, это и есть формирование харизмы. Вы становитесь харизматической личностью, которая может влиять на окружающих, может вести их за собой, делиться с ними своей энергией и получать энергию от них.

Не забывайте только по-прежнему воздерживаться от словесного воздействия, от вербальной передачи своей программы. Вы можете говорить о пустяках, о погоде, рассказывать анекдоты, но люди все равно всегда будут готовы вас слушать, будут ценить каждое ваше слово. Передача им вашей программы при этом будет происходить подсознательно, без слов.

Как только вы привыкнете к этому состоянию, как только процесс излучения вашей программы и поглощения ее окружающими людьми станет постоянным и непрерывным, это означает, что программа настроена. Теперь вам потребуется некоторое время, чтобы она сработала. Сколько времени это займет? Не так много, как кажется: может, неделя, может, месяц, максимум — год. Это зависит от того, насколько сложна ваша программа, и сколько людей в ней задействовано. Понятно, что чем сложнее программа, тем больше времени она займет.

А вот с людьми — тут ситуация парадоксальная: чем больше людей задействовано в программе, тем быстрее она будет реализована. Ведь, как вы помните, люди «заражают» друг друга своими программами, они усиливают программы друг в друге, и, переходя от человека к человеку, программа лишь наращивает свою мощь. В конце концов она начинает захватывать уже все и всех на своем пути, мчась во весь опор, как курьерский поезд.

Как правило, чтобы программа начала работать, требуется семь—десять дней. Многочисленные наблюдения показывают, что программа, полностью реализующаяся за полгода и подразумевающая участие двадцати—тридцати человек, требует на раскачку и начало действия восемь дней. То есть восемь дней проходит с момента, когда человек начинает излучать программу вовне, до первых событий, предусмотренных программой, разворачивающихся в реальном материальном мире.

Один из моих учеников целый год не получал зарплату на своем предприятии. Жил очень бедно, чуть ли не впроголодь, но продолжал работать. Начав осваивать систему ДЭИР, он на каком-то этапе понял, что достаточно продвинулся в деле усовершенствования самого себя и стал человеком, который может и должен жить достойно. Он заложил в свое сознание программу на материальный достаток и очень хорошо проработал ее в своем воображении. Начал он с того, что представил в своих руках большие суммы денег, потом воображение подсказало ему картинку очереди в кассу на его предприятии, и пошло-поехало: он увидел в воображении свое предприятие процветающим, улыбающихся людей на рабочих местах, а себя самого в дорогом костюме, сидящим за огромным столом в отремонтированном кабинете. Сначала он подумал, что воображение не в меру разгулялось, но картинки преображенного предприятия вставали перед глазами одна ярче другой. В его воображении фигурировали примерно двадцать—тридцать сотрудников предприятия, каждого из которых он видел процветающим, довольным и работающим на хорошо оснащенном рабочем месте.

Неделю он излучал программу вовне и увидел, как люди реагируют на его новое состояние. Окружающие почувствовали его позитивный настрой и ощутили какой-то прилив надежды. Как будто забрезжил какой-то свет в конце тоннеля, все вокруг уже не казалось людям таким мрачным и безысходным.

На восьмой день пришла весть из Москвы: у предприятия меняется хозяин. Программа начала работать таким образом, какого и не предполагал мой ученик! Еще через несколько дней подал в отставку прежний руководитель, заявив, что новый хозяин его не устраивает. Коллектив вздохнул с облегчением: этот руководитель целый год кормил людей «завтраками», обещая вот-вот привлечь инвестиции, но инвесторы так и не появлялись. Из Москвы прибыл новый руководитель. Через месяц всему коллективу были погашены долги по зарплате. Еще через месяц потекли инвестиции. Зарплату повысили всем и стали выплачивать ее регулярно и точно в срок. В здании сделали ремонт, сменили мебель, оснастили рабочие места суперсовременной техникой. Затем начались кадровые перестановки. Часть работников была уволена, часть — повышена в должности. Среди оставшихся и повышенных были те двадцать—тридцать человек, которых мой ученик представлял себе в своем воображении. Он сам получил должность начальника крупного подразделения. Теперь он сидит в шикарном кабинете и носит дорогой костюм — как и подсказывало ему его воображение при закладке программы. Ровно через полгода предприятие стало прибыльным и начало процветать. Программа реализовалась полностью. Вот что может один человек, если он обладает мощной, чистой энергетикой и владеет законами энергоинформационного поля!

Хотелось бы лишний раз подчеркнуть, что в данном случае имело место не преобразование объективного окружающего мира (это отдельная система приемов, которая будет нами изучаться в пятой книге), а цепочка событий, вызванных подсознательными действиями людей, — кто знает, отчего начальник в действительности отказался от поста? Может быть, его подсознание не смогло ужиться с откровенно противоречащими ему программами, буквально пронизавшими коллектив после вмешательства моего ученика? Ну, не пойман, не вор... Но все было именно так.

Итак, принцип вами схвачен. Немного тренировки — и вы, читатель, сможете считать себя освоившим программу на эффективность действий. Но в завершение этой главы я хочу сделать вам небольшой подарок: обучить «высшему пилотажу» в сфере программирования. Это то, что поможет сэкономить вам массу времени и сил. Высший пилотаж — это использование в своих целях уже существующих вовне программ. Или — дополнение программ окружающих в своих интересах.

Система навыков ДЭИР
Ступень II

Шаг 6. Дополнение программ окружающих

Вы уже учили свое подсознание ориентироваться во множестве омывающих нас извне энергоинформационных потоков, выбирать нужные — улавливать, так сказать, попутный ветер, который приводит нас к нужным нам целям. То же можно делать и с уже существующими внешними программами, пристраиваясь к ним и используя их энергию в мирных целях.

Вы прекрасно знаете, что программы энергоинформационных паразитов существуют везде и всегда и сопровождают любой социальный процесс (от производственного до революционного). Эти программы обладают колоссальной энергоемкостью. Так, может быть, можно воспользоваться этой энергией в своих собственных целях, обманув энергоинформационного паразита? И на волне его энергетики причалить не туда, куда нужно ему, а туда, куда нужно именно вам?

Можно — и не только можно, но и нужно. Ведь таким образом вы опять же подрываете могущество энергоинформационного паразита, хитростью заставляя его работать и тратить свою энергию на вас, в чем он, вообще-то, совсем не заинтересован.

Есть такая сказка про Змея Горыныча и Иванушку-дурачка, где простодушный вроде бы Иван все время ведет дело так, что Змей волей-неволей вынужден работать на него. Разгневанный Змей изрыгает пламя, а Иванушке-дурачку того и надо: он давно уже собирался снести развалившийся сарай, да все руки не доходили, а тут Змей кстати его и спалил. Змей думает, какую бы еще гадость сделать, начинает валить деревья — и прокладывает таким образом дорогу между двумя деревнями. Жители этих деревень давно мечтали о дороге — теперь они могут спокойно ходить друг к другу в гости. В конце концов Змей, видя, что никак не удается навредить хитрому Ивану, смиряется, признает в дурачке своего хозяина и начинает ему служить.

В каждой сказке есть доля истины. Ведь народ, слагавший сказки, всегда по сути своей был мудрым, он чувствовал, каково истинное устройство мира, — и законы энергоинформационного поля в скрытом и образном виде отразились в народных сказках. Змей Горыныч — это и есть не что иное, как аллегорическое изображение энергоинформационного монстра. Я предлагаю вам, читатель, самому стать сказочным героем, который смог обхитрить Змея и поставить его себе на службу.

Мы уже знаем, что программы энергоинформационных монстров всегда направлены на разрушение. Вспомните, как начиналось революционное движение — и чем оно закончилось. Сначала в нескольких головах возникают (заложенные энергетическим монстром, который в момент своего зарождения есть не что иное, как совпадающая по направлению часть энергетических устремлений общества — коллективное подсознание) вроде бы благие идеи по реорганизации общества и улучшению жизни людей. Потом эти идеи захватывают все больше человеческих голов, разрастаются до гигантских масштабов, затем эти идеи начинают казаться людям единственно правильными, люди начинают бороться со всеми, кто этих идей не разделяет, и вот уже террор, война, кровь.

Ваша задача — уловить отрезок, обрывок такой внешней программы, общее направление которой может оказаться даже разрушительным, и использовать этот обрывок в своих созидательных целях.

Но вот как это сделать — это целое искусство. История знала немало примеров, когда человек, «примазавшийся» к такому инспирированному извне процессу, получал огромные выгоды. Я вас хочу предостеречь от такого «примазывания» — этот путь может оказаться тупиковым, он не для нас, он накладывает слишком большие обязательства и чаще всего отягощает карму. Вы все поймете из следующего примера: среди таких «примазавшихся», например, те сотрудники милиции, которые научились пользоваться своим служебным положением ради личного обогащения. Они не только вымогают взятки у задержанных, но и воруют у них кошельки.

Так что не стоит «примазываться» к процессу, подчиняться ему — в этом случае вас может ожидать расплата в виде если не скамьи подсудимых в этой жизни, то множества кармических заморочек в следующей жизни либо в жизни потомков. Все, что вам нужно, — это воспользоваться энергетическим импульсом, полученным от энергоинформационного паразита, и направить этот импульс в нужное вам русло, создать как бы ответвление этой чуждой вам энергетики, которая потечет туда, куда надо вам. Ведь энергетика Змея Горыныча тоже была явно чуждой для Ивана, но он заставил эту негативную энергию действовать в позитивных целях.

Очень важно: эту чуждую энергетику нельзя использовать для реализации масштабных и долгосрочных целей. В противном случае эта энергетика может вырваться из-под вашего контроля — нельзя все же забывать о ее природе. Этим способом вы можете выполнять только очень конкретные и локальные желания, задействуя весьма ограниченное число людей. В этом отличие данного метода от полной программы на эффективность действий, изложенной выше.

Еще важный нюанс: этим методом можно выполнять желания, которые хорошо вписываются именно в рамки процесса, происходящего вовне. Если на вас надвигается бульдозер, снося все на своем пути, вы вряд ли сможете использовать его энергию для постройки нового дома. Это ваше желание явно не вписывается в рамки процесса. Но вот расчистить площадку для строительства нового дома с помощью этого бульдозера можете попробовать.

Вспомните, как поднялись многие фирмы в начале 90-х годов. В стране был практически голод, полки государственных магазинов пустовали, самые необходимые продукты выдавались по талонам, и то в минимальном количестве. То есть в стране явно шел разрушительный процесс, запущенный энергоинформационным паразитом. Именно тогда очень быстро встали на ноги фирмы, которые заключили контракты с западными поставщиками и начали завозить в страну то, на что был самый большой спрос, а именно: колбасу, чай, кофе и, конечно, алкогольные напитки. Что сделали руководители этих фирм? Они поступили очень мудро: подхватили импульс энергоинформационного паразита и в рамках запущенного им процесса создали ответвление, которое привело к положительным результатам. Про такого рода процессы как раз и говорят: нет худа без добра.

Чуть позже в стране появились богатые люди, так называемые «новые русские». Какое раздражение вызывали они у всех поначалу: мол, разбогатели незнамо как, наживаются на народном горе, грабят простых людей... Пока большинство так ахало и охало, самые разворотливые и смекалистые сообразили: если появились люди, у которых много денег, — значит, они непременно будут эти деньги тратить. Вот и надо им в этом помочь! Тогда и появились дорогие парикмахерские и косметические салоны, спортивные комплексы с дорогим оборудованием, появились туристические фирмы и супермаркеты. В общем, возникла сеть услуг, на которые есть спрос у богатых. Сколько людей благодаря этому получили рабочие места и поправили свое благосостояние. Если даже большинство из этих первых богатых нажили свои деньги нечестно (негативный процесс, запущенный энергоинформационным паразитом), то благодаря потраченным ими деньгам вырос честный бизнес и разбогатели люди, прежде жившие весьма скромно (позитивный процесс, выросший из ответвления от энергетики энергоинформационного паразита).

Попробуйте при случае воспользоваться уже складывающимися обстоятельствами в своих целях — убедитесь, что это очень выгодно, так как все программное обеспечение энергоинформационного паразита начинает работать на вас и вы получаете такую эффективность, о которой и мечтать не могли.

Я не могу предложить вам конкретный рецепт использования внешних программ, потому что это одна из самых сложных тем даже при непосредственном общении, — но пробуйте. Поверьте, опыт придет — вы уже должны понимать это, испытав на себе многие методы системы ДЭИР,

для изложения которых мне не хватило слов русского языка, потому что для описываемых явлений они просто не
придуманы. Но личный опыт во всех предыдущих случаях
приходил вам на помощь. Так будет и на этот раз.

Итак, вы овладели программами на эффективность и теперь можете вполне рассчитывать на то, что ваши созна-
тельные действия будут подхватываться окружающими и
производить наибольший эффект. Пользуйтесь на здоровье!
И не забывайте, что эти программы применимы к любым
сферам жизни, а не только к бизнесу и производству. Очень
многие мои ученики и ученики моих учеников (сам я в настоящее время практически не веду курсов — это делают от
моего лица мои ученики, получившие специальные серти-
фикаты в зависимости от степени их Искусства), например,
когда-то жаловались на нескладывающуюся личную жизнь.
До встречи со мной они ходили ко всяким колдунам, магам и экстрасенсам, которые якобы снимали с них «венец
безбрачия» и производили прочие магические манипуля-
ции, — все бесполезно. В большинстве случаев оказывалось,
что дело вовсе не в «венце безбрачия». Просто человек сам
не мог определить свою истинную цель и придать своим
действиям эффективность.

Один раз ко мне пришла тридцатилетняя женщина, которая в течение нескольких лет страдала от безответной
любви и не могла даже подумать о том, чтобы выйти замуж
за кого-нибудь другого, кроме объекта этой тайной страсти.
Мужчины на нее не смотрели, женихов не было даже потенциальных, несмотря на то что она была отнюдь не дур-
нушка. С помощью системы ДЭИР очень быстро выяснилось, что желание выйти замуж за избранного ею мужчину
было ложным. Самое интересное произошло потом: как
только она начала сомневаться в истинности своей любви,
интересовавший ее мужчина неожиданно (впервые за семь
лет) назначил ей свидание и пригласил к себе в гости. Она
не могла не пойти — все-таки так долго она ждала этого момента. Но придя к нему домой, она сразу поняла, что тот,
кого она так сильно и мучительно любила, на самом деле
чужой и абсолютно неинтересный ей человек. Оказалось,
что он ее только раздражает, к тому же выяснилось, что им

даже говорить практически не о чем. В конце концов она ушла домой, разочарованная и... прозревшая. Она недоумевала, как можно было семь лучших лет своей жизни потратить на подобную глупость — на мечты о совершенно ненужном ей человеке.

Но пессимистическое настроение ее не покидало: она была уверена, что в ее возрасте выйти замуж уже невозможно. Я посоветовал ей подождать с выводами хотя бы полгода, а за это время научиться применять программу на эффективность действий.

Через неделю после закладки программы на удачное замужество вокруг нее начали буквально виться мужчины. Кстати, оказалось, что у нее на работе есть много неженатых мужчин ее возраста, но раньше ни она их, ни они ее почему-то не замечали. Теперь она вдруг почувствовала себя невестой — и оказалась в центре внимания потенциальных женихов, с каждым днем все больше хорошея. В течение следующей недели она получила два приглашения в театр, одно — в ресторан. Еще через неделю последовало сразу три предложения руки и сердца. В общем, не было ни гроша, да вдруг алтын. Но моя пациентка вдруг стала разборчивой невестой. На самом деле она просто не ощущала истинного желания выйти замуж ни за одного из этих претендентов.

Все решил случай, который произошел через пару месяцев (необходимо понимать, что разворачивающаяся программа, передаваясь по цепочке, стимулирует подсознательные реакции невероятного количества людей, отнюдь не всегда эти люди находятся в круге непосредственного общения инициатора программы). На предприятие, где работала моя пациентка, приехала американская делегация. Один из заокеанских специалистов сразу обратил внимание на расцветшую и похорошевшую нашу героиню. И она сразу поняла: это он. Все в нем — от внешнего облика до манеры общаться — соответствовало ее подсознательным, глубинным ожиданиям. Знакомство произошло как-то само собой, и дальше все пошло как по маслу: свадьба, переезд в Америку, рождение первого ребенка, потом второго. Сейчас она живет очень хорошо во всех отношениях. И родину не забывает — периодически всем семейством они приезжают сюда, буквально ослепляя друзей и близких своими счастливыми улыбками.

Следуйте истинным желаниям, применяйте программы на эффективность действий — и для вас нет ничего невозможного. Многочисленные примеры из жизни, приводимые в этой книге, я надеюсь, вселяют в вас оптимизм и веру в свои силы.

Глава 4

Программы на здоровье и самоисцеление

После выхода в свет первой книги я начал получать огромное количество писем от читателей. Содержание этих писем самое разное — от восторгов и благодарностей до самых безобразных ругательств. Все это совершенно естественно — информация, изложенная в книге, чересчур нова и непривычна для большинства людей, и очень многие к ней просто еще не готовы. Благодарности все же оказалось больше — и я в свою очередь благодарю всех читателей, написавших мне, независимо от содержания их писем, благодарю и прошу извинить меня за то, что не могу ответить всем. Да и курсы моих учеников довольно ограниченны и пока не могут охватить всех желающих. Решить проблему помогут мои дальнейшие книги — вы обязательно получите из них ответы на все возникшие у вас вопросы.

Я обратил внимание на то, что в очень многих письмах содержится одна и та же жалоба: после проработки первой книги здоровье не особенно улучшается! Да, есть отчетливые перемены к лучшему, и новые болезни не появляются, но старые-то как сидели, так и сидят! Что же вы, уважаемый автор, обещали нам избавление от хворей, а сами наврали, выходит?

Нет, дорогие читатели, я ни в коем случае вас не обманывал. Но все же вы правы: после освоения первой ступени системы ДЭИР болезни еще не спешат обратиться в массовое бегство. Мне это очень хорошо известно как по своему собственному опыту, так и по опыту моих коллег, друзей и пациентов.

Причина в том, что наше физическое тело очень инертно, оно очень медленно избавляется от своих старых привычек, медленно набирает энергию, необходимую для полного здоровья. В этом — корень всех сохранившихся у вас проблем с самочувствием. Что ж, попробуем в этой главе снова заняться физическим здоровьем и помочь многострадальному телу обрести желанный физический комфорт.

Вы, несомненно, заметили, что здоровье ваше хоть и не поправилось полностью, но все же заметно стабилизировалось с того момента, когда вы начинали осваивать систему ДЭИР. Состояние стало достаточно ровным, хоть и не идеальным. Вас не сваливают с ног лихорадка и приступы радикулита, не мучают гипертонические кризы и острый аппендицит — ничего острого в вашем состоянии не наблюдается. Но старые болячки как-то потихоньку теплятся, дают о себе знать в неприятной вялотекущей форме. Старый остеохондроз как ныл, так и ноет, — спасибо, что до больничного не доходит. Горло как раньше першило, так и першит, и нос слегка похлюпывает, а вот простуда настоящая так и не начинается. То под лопаткой кольнет, то давление слегка поднимется. В общем, состояние ваше сейчас такое, что врачи называют «практически здоров».

Во всех прочих отношениях самочувствие тоже достаточно ровное. Нет больше безумной усталости по вечерам, как бывало раньше, но и легкости особой тоже нет. Нет больше тяжести в голове по утрам, но и нельзя сказать, чтобы с постели вы поднимались с большой охотой. Не так ли? Может быть, это даже вызывает у вас беспокойство, ведь вы привыкли к тому, что состояние должно меняться в течение дня.

Не волнуйтесь. Ваше стабильное состояние связано с тем, что защитная оболочка, установленная на первой ступени ДЭИР, не позволяет подключиться к вам посторонним энергетическим потокам, которые циркулируют в человеческом сообществе. То есть, с одной стороны, из вас перестали выкачивать вашу энергию, а с другой стороны, перестали накачивать в вас чуждую вам энергетику и программировать вас с ее помощью на какие-либо действия. Кроме того, вы больше не подвластны таким обычным для человеческого сообщества явлениям, как сглаз и порча. К тому же сама по себе защитная оболочка, мощная и энергетически насыщенная, уже позволяет прервать течение ряда заболеваний.

Казалось бы, человек, получивший такую власть над собственным эфирным телом, вправе рассчитывать на резкое и значительное улучшение здоровья. Но этого не происходит. Причина, как мы уже говорили, в замедленности всех реакций тела. Потеря энергии прекращена, но тело набирает энергию взамен потерянной не так быстро, как хотелось бы. Подумайте, сколько лет вы теряли энергию в результате присосок, пробоев и прочих поражений? Именно столько, сколько лет вам сейчас, то есть всю жизнь с самого рождения.

Тело за много лет привыкло к такому пониженному уровню энергии. А потому теперь с ним может произойти одна оплошность: привыкнув сидеть на голодном пайке, оно может набрать некоторое количество энергии и на этом успокоиться, решив, что ему достаточно. На самом деле этой энергии не хватает для выздоровления, но тело-то не привыкло к роскоши, оно установило для себя заниженный уровень энергии и считает, что это и есть норма. Если телу не помочь, если не показать ему, что на самом деле его энергетический потолок расположен гораздо выше, оно так и будет довольствоваться объедками. Это первая причина чересчур замедленного выздоровления.

Вторая причина заключается в том, что в теле (как вы помните из первой книги) существуют патологические внутренние энергетические связи — что-то типа энергетических петель или узлов, связывающих несколько органов, когда один орган становится вампиром по отношению к другому, формируя своеобразный порочный круг взаимообмена энергией. Напомню, что в норме каждый орган человеческого организма подпитывается энергией только от центральных потоков, а не друг от друга. В норме органы энергетически друг с другом не связаны, а если образовалсь эта связь — это означает болезнь.

В первой книге вы уже учились избавляться от таких патологических цепочек но ведь это только самое начало, только первые шаги гигантской работы по нормализации энергетики тела. Вспомните, как вы обнаруживали патологические связки в органах и ликвидировали их. То, что вы сделали, — это очень хорошо и правильно, но теперь я уже могу вам сказать, что к данной стадии вашего развития вы смогли таким образом ликвидировать лишь локальные поражения. Ваших энергетики, силы и опыта просто не хватило, чтобы обнаружить и обезвредить масштабные, обширные патологические связи, включающие как энергетические, так и физиологические компоненты, поражающие целую систему и даже ряд систем организма одновременно.

В моей практике мне пришлось, к примеру, столкнуться с такой патологической цепочкой: пониженная энергетика печени вызвала оттяжку энергии от желудка, что в свою очередь привело к дефициту так называемого фактора Касла (то есть вещества, обеспечивающего всасывание фолиевой кислоты). Как следствие — дефицит фолиевой кислоты — анемия — целостная недостаточность энергетики циркулирующей крови — диффузная энергетическая недостаточность костного мозга — в результате страдает селезенка, и порочный круг снова замыкается на печени, не получающей распавшихся эритроцитов для синтеза желчи. Вот два органа, вроде бы не связанные общим энергетическим кругом, — печень и селезенка, но тем не менее опосредованно страдающие друг из-за друга.

Такой порочный круг без коррекции может привести только к смерти, ведь органы постоянно истощают друг друга, гоняя по кругу все более истощенную энергию, пока она не иссякнет совсем. Причем в данном случае энергетическая коррекция связи печень — желудок не даст никакого результата, поскольку основной энергетический дефицит приходится на кровь, а от этого страдает селезенка, а значит, печень все равно будет поражена. И мы придем все к тому же печальному итогу. Так что все не так просто, и если вы даже устранили связку между двумя соседними органами, это еще не значит, что вы справились с болезнью полностью.

Выход только один: нужны полная нормализация энергетики тела и поднятие ее уровня до нормы — до настоящей нормы, а не до того, что принимает за норму привыкшее к голодухе тело. Я предлагаю вам конкретный практический метод, позволяющий это сделать, — сейчас вы уже вполне готовы к его применению. Но сначала — немного теории.

ОКОНЧАТЕЛЬНАЯ НОРМАЛИЗАЦИЯ ЭНЕРГЕТИКИ ТЕЛА. ТЕОРИЯ

Обратите внимание на важный момент, совершенно необходимый для того, чтобы в дальнейшем вы могли самостоятельно избавляться от своих заболеваний и по желанию поддерживать нужный уровень энергии и самочувствия. У вас есть эта возможность, но для этого надо привыкнуть к самостоятельному действию и не бояться самого процесса, о котором я расскажу ниже.

Дело в том, что для нормализации уровня энергии и ускорения ее набора до нормы вам сначала придется научиться... терять энергию. Да-да, терять ее не под воздействием извне, а самостоятельно провоцировать у себя потерю энергии и держать этот процесс под контролем.

Зачем это нужно? А зачем, как вы думаете, нужно лечебное голодание? Правильно, чтобы очистить организм от шлаков, освободить его для поступления необходимых питательных веществ, которые от зашлакованности просто перестали усваиваться. Для того же самого нужно научиться и сбрасывать свою энергию — чтобы избавиться от порочных энергетических связок-паразитов между органами. Только так можно вырваться из описанного выше замкнутого порочного круга. Для этого надо всего лишь снизить до предела уровень энергии во всем теле!

Посмотрите сами, что при этом произойдет. Организм обесточен — значит, печень ничего не сможет оттянуть от желудка, ведь он и сам на энергетическом нуле. Кровеносная система — в том же положении. Селезенка снизит уровень разрушения эритроцитов, и печень недополучит субстрата для синтеза желчи, но это в данном случае не имеет никакого значения, ведь печень все равно на нуле! Лишившись энергии, органы тут же перестанут оттягивать ее друг от друга, и в состоянии этого энергетического голода их надо держать до тех пор, пока они совсем не отвыкнут питаться один за счет другого.

Вы можете спросить, не означает ли такое полное энергетическое обнуление не что иное, как смерть? Отвечаю: если вы делаете это сознательно и контролируете процесс, ничего страшного с вами не случится. Есть разница между постом и голодовкой, не правда ли? Есть разница между лечебным голоданием и голоданием вынужденным, от недостатка продуктов питания? То, что будем делать мы, — это лечебное голодание, а вовсе не тот голод, который ведет к голодной смерти. Разве пост может привести к дистрофии? Никогда: напротив, из поста человек выходит оздоровленным и усиленно набирает энергию.

После энергетического поста энергия тоже восстанавливается — и не просто восстанавливается, а в удесятеренном варианте. Тело, временно лишенное энергии, начинает жадно набирать ее, стоит только позволить ему это сделать, и рефлекторно повышает ее уровень. Так что, научившись снижать до минимума уровень своей энергии и удерживаться какое-то время в таком состоянии, вы решите сразу две задачи: избавитесь от патологических связок и удесятерите свою энергию.

А теперь внимательно следите за моей мыслью. Если после энергетического обесточивания набор энергии будет происходить медленно, то патологические связи смогут успеть восстановиться. Но если восстановление энергозапасов идет быстро и мощно, то уровень энергии возрастает одновременно во всем организме, и наиболее сильно он растет именно в том органе, который прежде страдал от нехватки энергии. Благодаря этому энергетический уровень всех органов выравнивается одновременно и патологические связи не успевают восстановиться.

То есть вторая ваша задача после сброса энергии — научиться резко повышать приток энергии и поддерживать повышенный уровень энергетики в течение некоторого времени.

С каждым циклом этих мероприятий тело повышает уровень своей энергии, пока не достигнет максимального и оптимального для себя уровня. В итоге процесс полного восстановления займет у вас всего несколько месяцев.

В качестве же локального удаления относительно небольших узлов патологических связей вы можете по-прежнему применять метод, описанный в первой книге. Это поможет вам поддерживать нужный фон самочувствия и здоровья. Кроме того, данный метод идеален для быстрой диагностики и коррекции начального этапа установления патологической связки.

Вы, конечно, помните, что для этого надо мысленно обследовать все свое тело, орган за органом, и в каждом органе, где вы почувствуете напряжение, энергетическое уплотнение или, напротив, провал, надо провести коррекцию. Иногда достаточно бывает мощной энергетической промывки органа и всего организма, иногда необходимо мысленно разорвать энергетические связки так, как если бы это были обычные ниточки, иногда нужно оттянуть патологический узел мысленно или при помощи руки. Это действенный метод, но, повторяю, не панацея от всех болезней. Если он вам помог в совершенстве — значит, серьезных патологий не было. Если же здоровье оставляет желать лучшего — приступайте к следующей фазе: удаление энергии — набор энергии. Итак, к делу.

Система навыков ДЭИР
ступень II

Шаг 7. Локальное удаление энергии

Я рекомендую начинать именно с локального удаления энергии, чтобы вы сначала привыкли к самому этому ощущению ухода энергии из тела и впоследствии, при освоении генеральной программы оттока и набора энергии, не пугались этого. К тому же локальный метод позволяет избавиться от болей, снять острые болезни и обострение хронических заболеваний, помогает везде, где болезнь не зашла слишком далеко и не поразила целые системы организма.

Для локального удаления энергии рекомендуется метод растягивания ее в пространстве (на экстрасенсорном языке этот прием именуется «разматыванием»). Пространство от этого не пострадает, а вы сможете избавиться от весьма неприятных ощущений в своем физическом теле.

Для применения метода вам необходимо пройти несколько этапов.

Шаг 7а. Ощутить патологическую связку в органе или системе в виде напряжения, уплотнения, энергетической «дыры» или любого другого инородного энергетического объекта в вашем теле (у каждого человека ощущения могут быть индивидуальными, но вы должны знать, что больной орган всегда вызывает дискомфортное ощущение), можно попытаться ощутить саму болезнь — ее дислокацию, плотность, цвет, размер, может возникнуть какой-то образ, связанный с болезнью (один из моих пациентов с больным горлом при слове «ангина» сразу видел, как в районе шеи у него загорается красная пятиконечная звезда, которая жжет его и терзает).

Шаг 7б. Ощутив болезнь, патологию или просто боль в виде какого-то энергетического образования, попробуйте слегка этим образованием поуправлять (например, немного пошевелить эту «звезду», «амебу», «чернильное пятно», энергетический сгусток — неважно, что это будет, образ и форма зависят от ваших индивидуальных особенностей восприятия).

Шаг 7в. Когда вы почувствуете, что инородный энергетический объект внутри вашего тела, являющийся вашей болезнью, поддается управлению, шевелится и сдвигается по вашей воле, вы можете присоединить этот объект к эфирному телу какого-либо объекта внешнего мира. Хорошо, если это будет движущийся объект, удаляющийся от вас: поезд, самолет, машина (можно просто представить себе эти объекты в своем воображении, не обязательно бежать в аэропорт или на вокзал), можно подключить свою болезнь и к любому фонарному столбу, но тогда вам придется удаляться от него достаточно быстро. Некоторые экстрасенсы практикуют подключение к энергетическим вампирам — не рекомендую, это не слишком этично.

Шаг 7г. После такого подключения у вас должно появиться ощущение оттягивания энергии из вашего тела — из области, где локализуется патология.

Шаг 7д. В таком состоянии вам нужно находиться так долго, как это потребуется, — не надо сознательно прекращать утечку энергии и пытаться начать ее набирать: этот прием не подразумевает фазы набора энергии, потому что она наступает естественным образом, сама собой, после того как весь патологический энергетический клубок разматается с вашего больного органа и болезнь уйдет из организма.

Очень эффективен этот метод для снятия любых болей, даже если вы не знаете их причины. Только с головными болями поосторожнее — метод разматывания энергии может вызвать головокружение, которое, впрочем, в этом случае является вполне естественным. А вот артериальное давление таким способом снимается великолепно и безо всяких побочных эффектов — знаю это по себе, так как был когда-то потомственным гипертоником и начинал бороться с болезнью именно так. Сейчас от былой гипертонии не осталось и следа, хотя врачи в это не верят: говорят, если оба родителя гипертоники, у ребенка обязательно эта наследственность должна проявиться. Для врачей это догма, и ничего другого они слышать не хотят. Но человек, овладевший управлением своей энергетикой, живет по другим законам — о них-то как раз ничего не знает наша официальная медицина. Так что тренируйтесь — и вы станете загадкой и чудом природы для наших врачей.

Кстати, члены моей семьи таким образом полностью избавились от хронического тонзиллита и аллергического насморка. Так что отнеситесь с благодарностью к пролетающим мимо самолетам, проносящимся поездам и автомобилям: может быть, они унесут с собой какую-то вашу болезнь? Не волнуйтесь, пассажирам этих видов транспорта ваша болезненная энергетика не причинит вреда, ведь самолет (поезд, машина) действительно размотает ее в пространстве, а не впитает в себя. А куда дальше денется ваша патология? Это уж, как говорится, на кого Бог пошлет. У кого есть сходные патологические программы — тот, конечно, может подцепить вашу бяку себе. Ну что же, и у него появится повод подумать о самосовершенствовании.

Но скорее всего, ваша болезнь будет развеяна без остатка в пространстве и никому не причинит вреда.

ГЕНЕРАЛЬНАЯ ПРОГРАММА УДАЛЕНИЯ И НАБОРА ЭНЕРГИИ — ЭНЕРГЕТИЧЕСКИЙ ПОСТ

Освоив локальный метод, можете переходить к генеральной программе удаления и набора энергии. Этот метод имеет еще и другое название: энергетический пост. Он был открыт совершенно случайно в ходе работы нашей группы экстрасенсов-силовиков: разыскивался метод повышения индивидуального уровня энергетики без применения изнурительных постов и прочих неудобных и неподходящих для современного ритма жизни способов.

Сложность задачи заключалась в том, что существует некоторый барьер, связанный с чисто физическими закономерностями, — барьер, который мешает прямому и быстрому набору энергетического резерва человеческим организмом. Дело в том, что импульс энергии — любой, в том числе и предназначенный для подпитки человеческого тела, — может быть либо жестким и мощным, но коротким, либо длительным, но при этом не слишком сильным. Добиться золотой середины практически невозможно — такова сама природа той энергии, с которой мы имеем дело. И в том, и в другом случае потенциал воздействия не слишком велик: ведь если работа является произведением силы на время воздействия, а у нас то сила, то время оставляют желать большего, то и потенциал остается в обоих случаях на одном и том же уровне, не возрастает.

В идеале, чтобы воздействие на человека было эффективным, энергия должна быть достаточно мощной и при этом поступать в течение длительного времени. Именно таким образом можно запустить естественные механизмы набора энергии и нормализации всех систем и органов человеческого организма (ну и, естественно, достигнуть тех целей, которые ставились перед экстрасенсами в рамках проекта психотронного оружия).

В поисках решения этой, казалось бы, неразрешимой задачи и был открыт уникальный метод, названный энергетическим постом. Человечество сегодня по большей части отказалось от постов (не энергетических, обычных) — им не позволяет следовать современный образ жизни. Очень жаль, потому что наши предки избавлялись от множества проблем со своим здоровьем только при помощи периодических ограничений поступления пищи. Годичный цикл постов построен именно так, чтобы принести как можно больше пользы и душе человека, и его телу. Заметьте, пост никогда не приходится на период интенсивных сельскохозяйственных работ, когда человеку требуется большое количество энергии. Пост всегда применялся тогда, когда телу надо было отдохнуть от физического труда, набраться новых сил.

Только благодаря постам наши предки не знали и десятой доли тех болезней, от которых сейчас страдаем мы. Ведь огромное число болезней происходит именно от переедания или от бессистемного загружения организма едой — то есть от поступления в организм излишнего количества грубой энергетики, с которой тело не справляется. Вот эта энергетика и застревает в теле человека в виде патологических сгустков, прекращает нормально циркулировать, рождает болезни. Пост оздоровляет и душу — ведь воздержание от пищи требует некоторых волевых усилий над собой, некоторого телесного страдания, от которого, как известно, душа лишь очищается и становится сильнее.

Энергетический пост — метод ничуть не менее, а даже гораздо более действенный, и при этом более удобный в практическом применении. Позволяет оказать на тело генеральное оздоравливающее влияние.

На занятиях ДЭИР второй ступени мы проводим обучение усиленному варианту энергетического поста — и обучающие добиваются поистине невероятных результатов.

Система навыков ДЭИР
ступень II

Шаг 8. Техника проведения энергетического поста

Проведение энергетического поста состоит из восьми фаз, каждую из которых я опишу отдельно. Настоятельно советую сначала как следует теоретически ознакомиться со всеми фазами метода, убедиться, что вы все поняли и усвоили, и лишь потом применять метод на практике.

Шаг 8а. Проверка центральных потоков и укрепление защитной оболочки. В первую очередь вы должны еще раз вспомнить о восходящем и нисходящем потоках энергии, сосредоточиться на ощущении этих потоков в своем теле и проработать их так, как об этом говорится в первой книге, то есть усиливать восходящий поток при помощи вдоха, нисходящий — при помощи выдоха и как можно дольше удерживать ощущение обоих потоков одновременно. При этом потоки должны быть мощными и непрерывными, а также двигаться без замедления, с надлежащей скоростью. Если что-то мешает такому — нормальному — течению потоков, выявите причину и устраните ее при помощи методов, описанных в первой книге (не исключено, что вы еще подвержены и сглазам, и порчам, и вампиризму, — продиагностируйте себя и приведите в норму).

Убедившись, что ваши потоки текут нормально и в эфирном теле нет никаких посторонних внедрений, еще раз проведите работу по установлению защитной энергетической оболочки, как это описано в первой книге.

Оболочка у вас, конечно, установлена уже достаточно давно, но вы должны еще раз утвердить ее на своем месте и убедиться, что она цела и невредима и защищает вас надежно.

Шаг 8б. Остановка поступления энергии центральных потоков. Теперь сосредоточьтесь поочередно на самой верхней чакре — Сахасраре и самой нижней чакре — Муладхаре. А теперь внимание: очень важный момент.

Перед вами стоит серьезная задача: сосредоточившись на этих чакрах и на ощущениях протекающих в них потоков, вы должны остановить оба потока — как восходящий, так и нисходящий! Да, вы временно отсекаете себя как от энергии Земли, так и от энергии Космоса, вы сознательно лишаете себя этой естественной подпитки — и делаете это для своего же блага, чтобы очистить свою энергетику.

Замедлить потоки, как вы помните, можно при помощи задержки дыхания. Этот метод может помочь вам и сейчас. Это не значит, конечно, что вы должны вообще перестать дышать и стать неживым бездыханным телом. Надо лишь несколько раз задержать дыхание, прислушиваясь при этом к ощущениям в верхней и нижней чакрах, пока не появится ощущение остановки потоков. После этого можете продолжать дышать как обычно, одновременно следя за потоками, чтобы они не начали течь снова. Процесс остановки потоков и их последующего запуска должен протекать под полным контролем вашего сознания.

Итак, вы добились остановки потоков. Что происходит после этого? Энергетика обоих остановленных потоков направится на вашу энергетическую оболочку и начнет сливаться с ней и растворяться в ней.

Вы становитесь, таким образом, замкнутой системой, внутри которой циркулирует энергия, не выходя наружу. В этом случае ваша энергетическая оболочка начинает выполнять новые функции — она уподобляется замкнутой петле, которая обеспечивает между всеми органами и системами организма прямую и обратную энергетическую связь: энергия циркулирует по кругу, вновь и вновь проходя слабые и больные места, корректируя их, заставляя организм вновь и вновь прорабатывать все свои патологии.

Шаг 8в. Контроль остановки потоков. Снова сосредоточьтесь на верхней и нижней чакрах, чтобы проверить, не просачиваются ли потоки наружу. Теперь в области этих чакр вам необходимо поставить своего рода энергетические пробки, чтобы потоки не прорвались. Можете представить себе, что вы наглухо затыкаете отверстия в своем эфирном теле обычными бутылочными пробками, можно использовать другой образ — вы пресекаете утечку энергии при помощи пробок, используемых в ванне, чтобы из нее не вытекала вода. Можете не привлекать конкретные образы, а просто мысленно «замуровать» чакры сгустками собственной энергии. Проследите, чтобы они были «замурованы» наглухо и утечки энергии не происходило.

Шаг 8г. Сохранение состояния остановки потоков. Теперь ваша задача — удержаться в этом состоянии.

Посмотрим, что получилось в результате вышеописанных мероприятий. Даже несмотря на то что вы остановили потоки, энергия в вашем теле не обрубается мгновенно (это было бы едва ли не смертельно). Она очень медленно

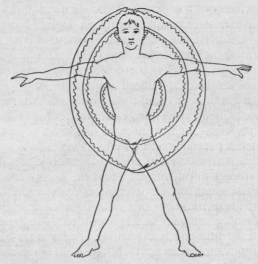

Рис. 7. Замкнув полностью верхние и нижние чакры, вы достигаете абсолютной изоляции. Все негативное будет переработано внутри этой оболочки.

и постепенно тает, продолжая циркулировать в оболочке. Пока в оболочке еще остается энергия, она поддерживает те «пробки», которыми закрыты верхняя и нижняя чакры, и не дает прорваться новым поступлениям энергии.

Как только организм почувствует, что энергии катастрофически не хватает, он автоматически переключится на режим усиленной циркуляции энергии во внутренних органах и системах. То есть сработает «аварийная система». Все органы начнут усиленно поглощать энергию и усиленно ее выделять. А вам только этого и надо. Ведь циркуляция энергии ускоряется, и все органы подвергаются интенсивной и углубленной энергетической промывке. Патологические цепочки и узлы в этой ситуации просто перестают существовать.

А организм, немного поголодав, готовится к поглощению новой порции чистой энергии Космоса и Земли, которая хлынет через выбитые «пробки» (а они будут выбиты, как только энергия внутри оболочки иссякнет совсем).

О внутренних ощущениях, сопровождающих этот процесс, нельзя сказать, чтобы они были очень приятны. Но, извините, и лечебное голодание, и даже пост далеко не всегда бывают приятными процедурами. Ничего страшного, потерпите, ведь это нужно для вашей пользы, а если справитесь с неприятными ощущениями, заодно и волю свою укрепите.

Что касается самих ощущений, то они таковы: в теле появляется некоторая слабость и в то же время легкость — все именно так, как если бы вы сидели на строжайшей диете. Еще есть нечто, напоминающее состояние невесомости, — впрочем, здесь опять же у каждого может быть свое. Подводникам это напомнит погружение, любителям аттракционов в ЦПКиО — «американскую горку». Мне лично это напоминало состояние свободного полета при прыжках в воду с десятиметровой вышки: все тело снаружи как бы распирает, разносит на части, голову в одну сторону, ноги в другую, но глубоко внутри, в центре тела при этом, наоборот, чувствуется некоторая тяжесть и сдавление. Могут появиться и головокружения, но все это явления временные. Не впадайте в панику, не волнуйтесь. Только постарайтесь воздержаться в этот период от тяжелого физического и умственного труда.

Шаг 8д. Завершение собственно поста и переход к накоплению энергии. Как определить, сколько времени вам нужно находиться в таком «заткнутом» сверху и снизу состоянии? А ничего вам определять и не надо. Все произойдет само собой, автоматически. Приготовьтесь только к тому, что как только вся энергия, циркулирующая у вас внутри оболочки, иссякнет, сама оболочка будет с вас сорвана. Вы не потеряете сознание и, тем более, не умрете — не успеете: вместе с сорванной оболочкой будут выбиты и энергетические пробки, затыкавшие чакры, и энергия Космоса и Земли хлынет к вам с новой силой, снова формируя вашу оболочку и насыщая ее чистой мощной энергетикой.

Это происходит всегда очень резко, рывком, как правило, утром — часов в восемь-девять. Тело полностью теряет энергию на несколько минут и сразу же переходит к мощнейшему накоплению энергии. Повторяю: это момент совершенно не опасный и абсолютно безболезненный, но всегда очень четко различимый. Вы обязательно поймете, что с вами произошло.

Свидетельствую: момент этот очень приятный. И даже более того: он сравним разве что со вторым рождением. По сути, это и есть новое рождение — энергетическое рождение: ведь вы полностью обновили свою энергетическую структуру. Вы становитесь человском как бы с новой кожей. А это получше, чем новый костюм! Вы становитесь новым человеком, в чем сами вскоре убедитесь на практике. Когда со мной в первый раз это произошло, для меня это было настоящим потрясением. Впервые за много лет мое самочувствие было безукоризненным, я буквально летал, не касаясь земли, а мои сотрудники на полном серьезе утверждали, что видят у меня за спиной два белых крылышка. Да я и сам чувствовал себя так, как будто они действительно существуют!

Весь период сброса энергии и последующего восстановления займет у вас два-три дня. Нужна поистине колоссальная собственная энергетика, чтобы она после остановки потоков продержалась в вашем теле дольше. Так что оптимальный вариант — начать энергетический пост в пятницу, чтобы к следующей рабочей неделе уже все было закончено. Идеально будет, если на эти дни вы уедете куда-нибудь за город, на природу. В крайнем случае можно просто провести эти выходные дома. Это важно, так как в момент срыва оболочки вы должны находиться в спокойном и уравновешенном состоянии, желательно не испытывать постороннего энергетического давления — тогда свежий энергетический запас, который хлынет в ваше тело, будет чистым и не замутненным посторонней энергетикой.

Шаг 8е. Восстановление оболочки и нормализация энергетики. После того как оболочка восстановилась и вы почувствовали приток энергии, ваша задача состоит в том, чтобы снова убедиться в нормальности функционирования вашей энергетической системы.

Для этого нужно снова проверить, все ли в порядке с центральными потоками, при необходимости промыть их и усилить. После этого необходимо локальным методом (описанным в первой книге) удалить узлы и патологические связки, если они еще остались, а также ликвидировать чуждые программы и внедрения, если они уже успели залететь в вашу обновленную энергетику.

Сделав все это, вы почувствуете себя воистину новым человеком — ощутите, насколько больше у вас стало энергии, с какой легкостью решаются прежде казавшиеся трудными проблемы и как все чужое, постороннее и ненужное отлетает от вашей мощной энергетики само собой.

Шаг 8ж. Повторное укрепление защитной оболочки. После того как к вам хлынула новая энергия и вы сразу же очистили ее от тут же налетевших посторонних примесей, вам, естественно, придется заново установить свою защитную оболочку.

Делать вы это умеете, и делали уже неоднократно (речь идет о замыкании энергетики и отсечении себя от внешней энергии). Теперь ваша энергия возросла, поэтому вы с легкостью сделаете это самостоятельно. Имейте в виду только, что оболочку надо устанавливать не позднее чем через четыре-пять часов после срыва старой оболочки, и в любом случае это надо сделать до начала рабочей недели, а если вы за городом, то до возвращения в город.

Шаг 8з. Дополнительный контроль собственного состояния. После установления защитной оболочки еще раз тщательно обследуем свое эфирное тело, проверяем, нет ли там чего-нибудь лишнего, постороннего и мешающего. Если есть — удаляем и возвращаемся к норме.

Вот и все! Но имейте в виду: один раз провести такой цикл и на этом успокоиться нельзя. Одного раза будет недостаточно. Проводить энергетический пост надо, как минимум, раз в месяц — особенно поначалу. Потом, когда вы уже наберете достаточно мощный запас энергии, можно и пореже, но в любом случае делайте это регулярно до тех пор, пока не почувствуете, что ваше состояние стало стабильно идеальным и ничто не может его нарушить ни при каких обстоятельствах.

Обращаю особое внимание на два момента. Первое: во время энергетического поста нежелательно есть мясо и употреблять спиртное. Данные продукты могут нанести вам вред, так как в этот период человек, естественно, очень уязвим — ведь его энергетика иссякает. Второе: если у вас серьезные проблемы со здоровьем, подойдите с особой осторожностью к процедуре поста. Устройте себе на эти дни самые что ни на есть тепличные условия. Самое лучшее, если при этом вы будете ходить на заутрени в церковь. Оболочка, как я уже говорил, обычно срывается по утрам, и для вас лучше, если это произойдет в церкви. Мощная энергетика православной веры (или любой другой веры — той, к которой вы принадлежите от рождения или которая вам ближе) поддержит ваш организм в этот критический момент.

Метод энергетического поста уже после нескольких сеансов помогает абсолютно всем, хоть и в разной степени — в зависимости от тяжести поражений и мощности энергетики. Побочных явлений или нежелательных последствий я не встречал. Мой 65-летний родственник через год применения метода полностью избавился от жесточайшей гипертонии, врачи отметили также резкое и невероятное для человека такого возраста облегчение течения ишемической болезни сердца. Если уж пожилой больной человек добился таких результатов, то что говорить о 30—40-летних людях: они с легкостью расправляются с радикулитами, гастритами, холециститами и даже астмами. Есть случай, когда упорное применение поста привело к излечению даже такого считающегося неизлечимым заболевания, как диабет! Человек — поистине еще далеко не познанное существо, и его глубинные возможности даже на один процент не изучены наукой.

Система навыков ДЭИР
ступень II

Шаг 9. Экстренный набор энергии

В дополнение ко всему вышесказанному хочу порекомендовать вам еще один метод, позволяющий помочь себе в пятой фазе поста. Это специальный метод набора энергии.

Энергия, как вы уже поняли, накачивается в тело после срыва оболочки автоматически. Но если вам требуется усиленный набор энергии, если вы хотите накачать себе максимум обновлённой энергии, то можно применить метод экстренного набора.

Его рекомендуется применять при особом режиме прохождения энергетических постов. Особый режим состоит в следующем: человек после нормализации энергии удерживает ее на повышенном уровне два-три дня, затем снова переходит к посту, затем опять дает себе передышку на два-три дня и так проделывает до пяти раз.

Метод сложный, требует выносливости и немалой силы воли. Но он бывает незаменим — скажем, при выполнении каких-то особо сложных задач, требующих максимально мощной энергетики. Группа экстрасенсов, например, применяла данный метод перед ответственной работой в инфекционной лечебнице в период эпидемии. В итоге не заразился никто. Так что могу ответственно заявить, что данный метод обеспечит вам цветущее здоровье и отличное самочувствие где угодно — хоть в космическом корабле при максимальных перегрузках, хоть в очаге холеры. Метод позволяет очень быстро и с максимальной эффективностью набрать максимум возможного для вас энергетического потенциала.

Итак, особый метод набора энергии в пятой фазе поста состоит в следующем. Усилив восходящий и нисходящий потоки энергии, добившись их ровного и мощного течения, вы начинаете насыщать потоки в районе солнечного сплетения при помощи собственных рук. Для этого ставите руки ладонями параллельно животу на уровне пупка, ощущая руками собственное поле, — вспомните, как вы учились делать это в первой книге: собственное поле дает ощущение упругости, тепла, индивидуально может восприниматься и по-другому, — но в любом случае ладонь отметит изменение ощущений при соприкосновении с собственным полем. Почувствовав поле, вспомните, как вы учились отдавать энергию рукой. Сейчас своими руками вы будете отдавать энергию телу в районе пупка, накачивая свою оболочку. Для этого начинайте размеренно дышать, с каждым вдохом при помощи поля собственных рук как бы закачивая энергию в свое тело.

Энергия эфирного тела благодаря этому мгновенно усилится. То, что это действительно произошло, вы не только

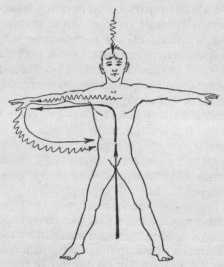

Рис. 8. Вы создаете обратную связь в своем эфирном теле, беспредельно усиливая его энергию.

сможете ощутить непосредственно, но и увидите по реакции окружающих: в глазах вампиров вы увидите смятение и страх, в глазах дружественно настроенных людей — возросшую любовь и уважение.

После накачки энергии сразу же восстанавливайте защитную оболочку, не выжидая четырех-пяти часов, как в случае с традиционным применением метода.

Теперь оно все сделает само. Вы сделали не что иное, как приучили тело к повышенному уровню энергетики. Теперь тело знает, на что оно способно, и не ограничится голодным энергетическим пайком, а после поста рефлекторно наберет такое количество энергии, которое ему раньше и не снилось. Если после этого вы опять поможете своему телу набрать энергии, а потом снова перейдете к посту, то за несколько циклов достигнете уровня энергии, поистине невероятного для современного человека. Вы будете удивлять окружающих своим несокрушимым здоровьем и прекрасным самочувствием.

В прошлом году в составе группы специалистов я был на семинаре в США. Можете себе представить, что это такое: изнурительный многочасовой перелет, бессонная ночь, смена климата и часовых поясов, затем доклад на конференции — очень сложный для восприятия и требующий максимальной концентрации внимания и мобилизации всех сил для того, чтобы завоевать аудиторию. Потом следовала насыщенная культурная программа, ну а затем мы, как водится (чего уж греха таить), хорошенько отметили успешное выступление нашей делегации — это была уже вторая бессонная ночь. В итоге половину следующего дня все мои коллеги провели в своих номерах в совершенно отключенном состоянии и, разумеется, пропустили пленарное заседание. Попытки поднять кого-либо с постели оказались затеей безнадежной.

И лишь два члена делегации, полностью восстановив силы за два часа сна, ровно в 8.00 уже совершали традиционную утреннюю пробежку, потом плавали в бассейне, а после легкого завтрака вновь приняли участие в семинаре. Кто были эти двое? Автор этой книги и его коллега — один из экстрасенсов-силовиков, вместе с которым накануне вылета в Америку мы испытывали на себе описанный выше метод экстренного набора энергии. Остальные члены нашей делегации, подтянувшиеся на конференцию лишь далеко за полдень, бледные и заспанные, увидев нас в прекрасной форме, лишь руками развели: «Ну, вы, ребята, даете! Двужильные, что ли?»

Следующие дни семинара по насыщенности ни в чем не уступали первому. Надо ли говорить, что на обратном пути в салоне нашего самолета стоял дружный храп. Лишь мы двое, бодрые и отдохнувшие, как ни в чем не бывало вели оживленную беседу. Наши коллеги, время от времени продирая глаза и видя нас в таком жизнеспособном состоянии, пытались покрутить пальцем у виска, но и на это у них не хватало сил: они «вырубались» снова.

Естественно, по возвращении пришлось поделиться своим секретом со всеми. Ну и упреков на нас посыпалось: «Что ж вы раньше молчали? Сами-то как огурчики, а мы все, значит, живыми трупами должны быть? Эх, где же ваша совесть, мужики...» Пришлось смириться с упреками: что поделать, не имели мы права сделать метод достоянием общественности, не испытав его предварительно на себе, не убедившись, что он не несет никаких отрицательных последствий.

Теперь — другос дело, метод проверен неоднократно, и не только на практике: он прошел серьезную научную экспертизу с участием ведущих специалистов в разных областях медицины и естественных наук. Теперь я спокойно могу рекомендовать метод всем желающим.

Свидетельств масса: энергетика возрастает так, что несколько бессонных ночей перестают быть проблемой и никак не сказываются на самочувствии, любая работа в любых экстремальных условиях с максимальными физическими и умственными нагрузками дает усталости не больше, чем легкая прогулка на свежем воздухе. Не говоря уже о том, что о самом существовании врачей и лекарств испытавшие метод на себе забывают надолго.

Когда вы освоите генеральную программу удаления и набора энергии, вам останется лишь научиться пользоваться программами на поддержание здоровья. Это совсем не трудно, так как приобретенный вами повышенный уровень энергетики сам по себе очень благотворен, и вам останется научиться направлять его на решение конкретных специфических проблем. В этом случае проблема решается с максимальной эффективностью, ведь если вы всю свою возросшую энергию направляете на решение одной проблемы, такое воздействие несравнимо по мощности ни с чем — ни с воздействием самого крутого экстрасенса, ни с самыми эффективными современными медикаментами.

Предлагаю вам два варианта программ на здоровье — пользуйтесь на здоровье!

Система навыков ДЭИР
ступень II

Шаг 10. Общая программа на здоровье

Итак, вы набрали максимально возможный для вашего тела уровень энергетики при помощи энергетического поста, вы разорвали патологические связки и узлы между органами, и самочувствие ваше резко улучшилось. Но, допустим, у вас остались какие-либо специфические проблемы со здоровьем, какая-то конкретная болезнь, от которой вы пока не смогли избавиться. В этом случае нужно использовать конкретную исцеляющую программу, которую я и хочу вам предложить. Собственно говоря, это даже не программа, а нечто вроде энергетического шаблона, матрица здоровья, которую вы накладываете на больной орган или группу органов и которая сама начинает работать, очень быстро нормализуя состояние энергетики.

Применение программы включает четыре шага.

Шаг 10а. Обследуйте свое тело при помощи ощущений и концентрации внимания на всех поочередно органах и системах, почувствуйте очаги патологии в виде энергетических узлов (так, как это описывалось в первой книге).

Шаг 10б. Разорвите патологические связки, нормализуйте состояние энергетики при помощи корректирующих энергетических потоков (для этого опять вспомним содержание первой книги — там мы учились создавать программу идеального состояния энергетики всех органов и систем и налагать эту программу на свой организм, вживаясь в состояние нормальных границ органов, нормального течения энергетики в них). Проводите коррекцию до тех пор, пока не ощутите состояние комфорта в органе, подвергающемся коррекции.

Шаг 10в. Проникнитесь состоянием нормального течения энергии во всех органах и системах, во всем организме в целом.

А теперь мысленно создайте вне своего эфирного тела слепок своего организма с нормально циркулирующей энергией — представьте мысленным взором перед собой самого себя (свое физическое тело) с нормально функционирующими полями всех органов и систем. Представьте себе эту картину как можно более наглядно.

Шаг 10г. Теперь у вас есть простой и действенный метод ликвидации любого недомогания. Как только какая-то болячка дает о себе знать — вы тут же можете отправиться в эталонное состояние, вызвать созданный вами энергетический шаблон, слепок идеального состояния, и наложить его на свое эфирное тело. Находитесь в таком состоянии до тех пор, пока проблема не исчезнет.

Теперь ваша задача состоит в следующем: войти в эталонное состояние и втянуть в это состояние данный идеальный слепок своего организма. Не обязательно в эталонном состоянии без нужды сливаться с этим слепком — просто оставьте его рядом с собой, чтобы он всегда был, что называется, под боком.

Все! С вашей повышенной энергетикой сделать вам это будет очень легко, много усилий не понадобится, а эффективность — практически стопроцентная.

Система навыков ДЭИР
ступень II

Шаг 11. Программа на здоровье: вариант 2

Должен вам сказать, что хоть этот вариант более красивый и всеобъемлющий, но он требует более высокого уровня энергетики.

Шаг 11а. Входите в эталонное состояние.

Шаг 11б. В эталонном состоянии создайте между ладонями рук мощный энергетический сгусток, мысленно и в воображении представляя себе, как он вбирает в себя все признаки вашего эталонного состояния — всю его гармонию, оптимизм, красоту и здоровье.

Шаг 11в. Теперь этот энергетический сгусток, являющий собой квинтэссенцию эталонного состояния, вы должны поместить в свое тело на уровень сердца. Вот и все! Можете выйти из эталонного состояния.

В вашем сердце теперь поселилась энергия здоровья, гармонии, оптимизма. Этот сгусток энергии будет работать сам — сам, автоматически, начнет обнаруживать патологии, корректировать их, исцелять и лечить. Ваш организм получил мощный энергетический шаблон, по которому он всегда может свериться и откорректировать себя. Доверьте эту работу подсознанию: оно теперь само знает, что делать.

Но помните: заложенный вами энергетический сгусток не вечен, его нужно обновлять примерно раз в неделю, лучше — двукратно, утром и вечером. Выберите для этого один день в неделю, когда вы будете это делать, например субботу, и доведите свои действия до автоматизма: утром, встав с постели, входите в эталонное состояние и формируете сгусток, а потом то же самое проделываете вечером перед сном. Все: до следующей субботы можете жить спокойно.

Освоив изложенные в этой главе программы на оздоровление и исцеление, имейте в виду: таким образом вы не справитесь с проблемами со здоровьем, если они имеют кармическую или генетическую природу. Для исправления генетической программы вам понадобятся знания пятой ступени системы ДЭИР. От болезней кармической природы мы будем учиться избавляться уже в этой книге. Все остальные «болячки» после освоения материала данной главы должны исчезнуть навсегда.

Глава 5

Программы на уверенность в себе и самодостаточность

Итак, вы научились следовать истинным желаниям, знаете, как сделать свои действия эффективными, нормализовали свое физическое здоровье. Что, казалось бы, еще нужно? Если вам кажется, что ничего больше не нужно, можете спокойно эту книжку закрыть. Правда, это не будет означать, что у вас нет больше проблем, — они есть, просто вы пока не готовы их осознать. Осознание придет позже, и тогда вы непременно вернетесь к излагаемой здесь системе.

Для тех, кто еще не достиг состояния нирваны и кого продолжает мучить что-то неопределенное (а таких, я уверен, большинство), продолжаем.

Что же вас мучает, чего вам не хватает? Если вы попытаетесь разобраться в себе и проанализировать свое состояние, то без труда определите, что не хватает тех сильных чувств, тех ярких эмоций, тех бурных приливов энергии, которые раньше сопровождали вашу жизнь и толкали если не на подвиги, то на действия и поступки. Не хватает тех самых мощных энергетических всплесков, которые у людей называются эмоциями и уверенностью в себе и которые способствуют успеху во всех наших начинаниях.

Разберемся подробнее.

ВНУТРЕННЕЕ СПОКОЙСТВИЕ — НЕПРИВЫЧНОЕ СОСТОЯНИЕ

Как вы уже поняли, ваше ровное во всех отношениях состояние связано с тем, что на вас прекратили воздействовать со стороны — вам не навязывают чужих программ, не устраивают сглазов и порч. Поэтому ваше здоровье, ваши желания, ваше настроение не зависят от кого-то или чего-то внешнего, а зависят только от вас. Отсюда и отсутствие всплесков эмоций, о которых мы только что говорили.

Ничто из внешнего мира больше не портит вашего ровного настроения, но ничто особенно его и не улучшает. Это поначалу может даже создать ощущение некоторой вашей бесчувственности. Но это, как мы уже говорили в первой главе, отнюдь не бесчувственность — это просто неумение самостоятельно управлять своими эмоциями и настроениями: ведь вы привыкли зависеть от внешних воздействий и не привыкли зависеть от себя. Этому надо учиться. Особенно если данное состояние повергает вас в апатию, что случается довольно часто. Да, никто не программирует, не превращает в зомби, но никто и не толкает на действия, на подвиги и вообще на самоутверждение в этом мире.

Вспомним опять же примеры из художественной литературы. Ведь большинство всеми любимых и известных литературных героев совершали свои славные дела под воздействием извне! Д'Артаньян приехал из Гаскони в Париж, потому что всем своим существом жаждал подвигов, но, приехав, что он начал делать? Ждать стимулов к этим подвигам извне! Кто-то оскорбил — вот уже и готова ответная реакция. Вспомните, что свой знаменитый вояж в Англию за подвесками королевы он совершил только ради прекрасных глаз госпожи Бонасье. Эти глаза вызвали тот самый могучий всплеск энергии, благодаря которому наш знаменитый герой действовал, в сущности, как зомби, как запрограммированный биоробот, который не обращает внимания на препятствия и сметает всех, кто оказался на его пути. Мы все с детства обожаем этого героя, но по здравом размышлении, право, становится обидно за него: ведь недюжинные силы, мощь, энергия, храбрость и бесшабашность этого человека всю жизнь служили кому-то другому, кто-то другой всегда превращал его в орудие для осуществления своих собственных планов.

Кстати, если вы внимательно читали Дюма, то вспомните, что в жизни Д'Артаньяна был период, когда никто извне не стимулировал его к подвигам. И что же? Он постарел, поскучнел, превратился в обыкновенного обывателя. Так было до тех пор, пока новые обстоятельства не толкнули его на новые приключения, то есть пока новый энергоинформационный паразит не поймал его вновь в свои лапы, не счел целесообразным вновь использовать.

Быть Д'Артаньяном, может быть, и приятно, несмотря ни на что: ведь он все же прославился благодаря благородным качествам своей незаурядной натуры, он обрел бессмертие на страницах романа Дюма. Гораздо чаще все бывает намного печальнее — ведь личностей такого масштаба, как Д'Артаньян, немного. Большинство же людей, простимулированные извне, с немыслимой энергией решают кучу проблем, чтобы потом выяснилось, что они гнались за мифом или химерой и их усилия ушли впустую. Подвиг не состоялся! Бывает и по-другому: человек затрачивает массу сил, чтобы провернуть какое-то дело, и когда результат уже близок — вдруг впадает в депрессию (энергетический импульс иссякает) и заваливает все дело. Подвиг опять не состоялся.

Кроме того, стимуляция со стороны приводит к эмоциональному подкреплению ложных желаний, а это, как вы уже знаете, чревато лишь набором негативной кармы. Ведь человек реализует не всякие, а только сильные желания, те, которые подкреплены эмоционально! Сравните ситуации: «Вы в принципе можете жениться» и «Вы очень хотите жениться». «Две большие разницы», не так ли?

Вот пример уже не из литературы, а из жизни. Одна молодая девушка очень любила петь. У нее был молодой человек, которого она тоже очень любила (а он ее, видимо, не очень). Но она была довольно настырна в желании женить его на себе. И тогда он сказал: станешь эстрадной звездой — женюсь. Заметьте, какой мощный энергетический стимул он ей дал! Она начала действовать, как танк, сметающий все на своем пути: с третьего раза поступила в музыкальное училище, окончила его, потом начала предпринимать попытки выбиться на большую сцену. Молодой человек на ней в конце концов женился. И что же? На эстраду пробиться она так и не смогла. Ни звездой, ни даже маленькой звездочкой она так и не стала. Карьера певицы не сложилась. Работы нет, денег тоже. Муж ее бьет и вообще всячески над ней издевается, и морально, и физически. Молодая женщина плачет, раскаивается и безумно страдает — отрабатывает судьбу, которую создала себе сама, своими руками.

Полностью и окончательно лишенный подобных сторонних эмоциональных воздействий человек (каковым сейчас являетесь вы, дорогой читатель) поначалу легко впадает в апатию и растерянность. Ведь вы же привыкли за всю свою жизнь к воздействию боевого наркотика внешней стимуляции! Только поманила за собой любовь, высокая должность, слава и популярность — и вот уже вам море по колено, уже вы мчитесь во весь опор, только пыль из-под копыт. В этом была для вас острота ощущений, полнота жизни. А теперь? Куда-то вдруг исчезло и тщеславие, и здоровое самолюбие, не хочется больше гнаться за карьерой, должностями, славой, властью, любовью... Большинству людей жизнь без этой безумной погони кажется делом весьма скучным и непривлекательным. От скуки они спиваются и бесславно уходят со сцены жизни.

Как избежать этой печальной участи?

РЕГУЛЯЦИЯ СОБСТВЕННЫХ ЭМОЦИЙ — НЕОБХОДИМОСТЬ САМОДОСТАТОЧНОСТИ

Скажем сразу: совсем без мощной энергетической стимуляции к действиям в этом мире обойтись нельзя. Это действительно приведет к депрессии. Но раз мы больше не получаем этой стимуляции извне, выход лишь один: научиться самостоятельно, по собственному желанию, вырабатывать в себе мощный прилив энергии, придающий необходимую окрыленность, уверенность и силу вашему поведению.

Окрыленный человек поистине способен на чудеса, но вот только окрыленность эта обычно возникает под воздействием чьих-то слов и каких-то обстоятельств. Предупреждаю честно: сохранять окрыленность и действовать уверенно, независимо от чьих-либо слов и каких бы то ни было обстоятельств будет трудно, особенно поначалу.

Почему? Может быть, вы уже заметили по себе, что человек, вступивший на путь развития своей энергоинформационной сущности, начинает ощущать всю пустоту и незначительность обычных человеческих устремлений. Вы уже знаете, и не только знаете, но и ощущаете это всем своим существом, что ваша сущность и сущность мира — энергоинформационная, что материальный мир вторичен и второстепенен, что все происходящее в нем в, общем-то, не важно. Для вас далеко не так важно все то, что важно для обычных людей: семья, карьера, деньги, власть и т. д. Ваше счастье и душевное равновесие не зависят от этого. А значит, вам, по большому счету, совершенно не важно, чем заниматься, чего достигать в этом материальном мире. Ведь это не имеет отношения к вашей истинной сущности.

Для человека, достигшего совершенства и ощутившего себя частью единого энергоинформационного поля, по сути, становится безразлично, быть нищим или миллиардером. Он счастлив независимо ни от чего. Вся штука в том, что человек, переставший зависеть от материальных благ, как раз и получает их в избытке. Именно этому мы с вами и учимся — не зависеть ни от чего и получать все.

Однако, потеряв ощущение важности всего того, чего можно достичь в материальном мире, и не получая к этим достижениям стимула извне, ощутить в себе мощный энергетический подъем, необходимый для практического достижения чего бы то ни было, очень трудно, вернее, без необходимой подготовки и вовсе невозможно.

Современному человеку в данном случае приходится несравненно труднее, потому что его, в отличие от древнего человека, как правило, не толкает вперед ни голод, ни страх, ни опасность. Пищу нет нужды добывать на охоте, в погоне за диким зверем через непроходимые джунгли, — достаточно посетить ближайший универсам. От холода и опасности не надо спасаться в плохо оборудованных для жизни пещерах — к нашим услугам благоустроенное жилье с электричеством, газом, телефоном и лифтом.

Можно сказать, что в биологическом плане современный человек сыт — ему не надо бороться за выживание, все необходимое преподносится на блюдечке с голубой каемочкой, и, по большому счету, ему ничего, кроме любви с противоположным полом, не требуется. Да и за женщину нет нужды бороться, гоняться за ней по тем же джунглям, отбивать у могучего и свирепого соперника, который не прочь лишить тебя жизни, только чтобы самому обладать самкой.

Вот и получается, что у современного человека глаза еще как-то горят огнем желанья только пока он молод, до женитьбы (замужества), а потом затухают — и человек всю оставшуюся жизнь проводит в мягком кресле и домашних тапочках, тихо подремывая перед телевизором, при этом жуя вставными зубами мягкую кашку. Подсознание человека просто отказывается чего-либо добиваться — а чего добиваться-то, когда и так мягко, тепло и уютно? Именно поэтому большинство людей считают, что лучшее время их жизни — это молодость, ведь они помнят, что тогда им чего-то хотелось, какие-то были всплески эмоций, энергии, которая толкала их на поступки. Они не знают, что человек может и должен всю жизнь оставаться бодрым, деятельным, полным сил — более того, с возрастом уровень энергии должен только возрастать.

Но люди не занимаются собой, они заходят в тупики ложных желаний, не развивают свою энергоинформационную сущность — и в конце концов скатываются к растительному, чисто физиологическому прозябанию и полной духовной деградации. Не будем забывать, что мы все же люди, а не растения (хотя сейчас ученые пришли к выводу, что даже у растений есть примитивное сознание). Будем жить, как подобает людям, — следуя истинным желаниям, поддерживая высокий энергетический уровень, действуя смело и уверенно, совершая поступки, достойные Человека.

Для этого мы будем учиться самостоятельно оказывать поддержку собственным желаниям, которые невозможно осуществить без мощного энергетического подъема, без неодолимого и неуничтожимого извне движения души, которое и придает уверенность и эффективность нашим действиям.

Это один из самых сложных моментов даже для обучения на курсах, не говоря о самостоятельном усвоении. Но игра стоит свеч; кроме того, примерно 20 % людей достаточно талантливы, чтобы им хватило и книжного материала.

Научившись делать это, вы станете полностью самодостаточным человеком, вы отправитесь в увлекательнейшее автономное плавание — и с удивлением обнаружите, что если не весь мир, то все ваше окружение теперь ориентируется на вас, теперь вы — законодатель мод, вы прокладываете путь другим, вместо того чтобы идти за теми, кто ведет вас за руку туда, куда нужно им.

УВЕРЕННОСТЬ В СЕБЕ И ЗДОРОВЬЕ — ДВЕ СТОРОНЫ ОДНОЙ МЕДАЛИ

Мы не случайно говорим о программах на уверенность в себе и самодостаточность после главы, посвященной здоровью. Открою вам маленький секрет: здоровье — это и есть оборотная сторона уверенности в себе! Ведь вы прекрасно понимаете, что человек, который ничего не хочет, который не получает энергетических стимулов к уверенному и победоносному действию, постепенно теряет ощущение смысла жизни. А человек, потерявший ощущение смысла жизни, неминуемо теряет и здоровье.

Вспомните хотя бы известные примеры из истории, когда люди, очень ярко и остро ощутившие, пусть на короткое время, смысл жизни, смысл своего поведения и поступков, перестают болеть. Известно, например, что жители блокадного Ленинграда, охваченные общим стремлением не сдаться врагу, выстоять, победить несмотря ни на что, не болели ни сердечно-сосудистыми, ни даже простудными заболеваниями! И все только потому, что они были уверены — уверены в праведности и истинности своей цели! Да, они страдали от голода и цинги, но при этом у них не было ни ангин, ни гипертонии! Вот что значит мощный энергетический импульс сильного чувства — именно эта энергетика действует оздоравливающе!

С этим явлением, кстати, связан так называемый «афганский синдром», «чеченский синдром». Человек, привыкший к условиям войны, к ежечасному состоянию опасности, к повышенному эмоциональному, а значит, и энергетическому фону, уже не может обходиться без этого постоянного допинга, провоцирующего на мощные энергетические всплески, ему хочется обратно на войну или хотя бы в условия, похожие на военные. Без боевых действий он чахнет и болеет, не получая нужной энергетической подпитки от повседневной мирной жизни. Ведь большинство людей не знают, что для наполнения себя энергией вовсе не нужна война, что мощные оздоравливающие энергетические импульсы можно создавать в себе самом самостоятельно, независимо от внешних обстоятельств.

Известны и другие примеры: во время выполнения какой-либо важной задачи у человека проходит насморк, кашель, высокая температура. У артистов это бывает в момент ответственного выступления, у ученых — в момент защиты диссертации. Но ответственный момент проходит, ощущение смысла и наполненности жизни оказывается утерянным — и что же? Все болезни возвращаются, а иногда еще и новые привязываются.

Техника генерации в себе эмоционального, энергетического импульса вам сейчас просто необходима. Ведь она нужна не только для осуществления желания — она сродни технике подъема собственной энергетики, а следовательно, и оздоровления.

Природе нужен Человек Действующий. Если человек бездействует, он становится бесполезен, а значит, Природа распоряжается так, что такой человек теряет здоровье и тихо уходит. В этом великая мудрость Природы. Если человек действует в угоду энергоинформационному паразиту, о его здоровье до поры до времени заботится энергоинформационный паразит, пока человек ему нужен, пока не пришла пора выбросить его на свалку как отработанный шлак. Мы больше не будем действовать на энергоинформационных паразитов. Значит, теперь надо научиться действовать в угоду самой Природе, то есть основе основ — энергоинформационному полю. В результате работа эта пойдет на пользу нам самим, нашей высшей энергоинформационной сущности, что в конечном итоге пойдет во благо и всему человечеству.

Итак, где же нам взять этот благотворный эмоциональный импульс, этот внутренний огонь, придающий блеск глазам, уверенность походке, постоянную окрыленность, толкающую на красивые, эффектные и эффективные поступки и действия? Если вы уже почувствовали, как это необходимо, то, безусловно, справитесь с задачей. Для этой цели системой ДЭИР предусмотрен, как всегда, ряд практических, весьма конкретных приемов.

Система навыков ДЭИР
ступень II

Шаг 12. Кратковременная закладка полной уверенности в себе

Этот простой прием подходит для решения конкретной задачи, которую обязательно надо решить с максимальной степенью уверенности в себе, когда ни малейшего внутреннего колебания допустить нельзя.

Например, ваша программа на эффективность действий подвела вас к моменту, когда вы должны сделать какой-то выбор, совершить какой-то поступок, без которого программа дальше не пойдет: ну, к примеру, нанести визит работодателю, посвататься к любимой девушке или выбить важный деловой контракт.

При этом не исключено, что какая-то часть вашего существа будет вам нашептывать, что все это не имеет никакого значения, можно прожить и без этого, гораздо проще и спокойнее просто остаться дома. Но учтите, отказавшись от действия — действия, на которое толкает вас ваше собственное истинное желание, ваша собственная программа эффективности действий, — отказавшись от такого действия, вы предадите самого себя, свою энергоинформационную сущность и не выполните те задачи, ради которых вы пришли в этот мир. Как следствие — вы неминуемо превратитесь в бездеятельную медленно деградирующую амебу.

Значит, ваша задача — все-таки родить в себе нужный энергетический импульс к уверенному действию, зарядить себя на бой, ожидающий вас в данный конкретный день. Для этого совершаем следующие шаги.

Шаг 12а. Сосредоточьтесь на восходящем потоке, прочувствуйте его как следует и медленно, с помощью дыхания, начинайте усиливать его, наполнять энергией, делать предельно интенсивным. Добивайтесь ощущения максимальной насыщенности, мощности, скорости и силы восходящего потока.

Шаг 12б. Не теряя ощущения потока, войдите в эталонное состояние и «втащите» в него ту задачу, которую вам предстоит выполнить. (Напомню еще раз: если задача не соответствует истинному желанию, вам не удастся совместить ее с эталонным состоянием, в этом состоянии она будет вам мешать, мучить вас и травмировать, как заноза, поэтому данный метод подходит для осуществления только истинных желаний. Не забывайте проверять каждое свое желание на истинность, прежде чем бросаться его осуществлять.)

Шаг 12в. Не выходя из эталонного состояния, представьте себе, как вы будете себя чувствовать, когда ваша задача будет уже выполнена. Представьте, что это уже произошло, вообразите эту картинку во всех деталях: нафантазируйте себе во всех подробностях сцену выполнения вами задачи. Если выполнение задачи вам истинно необходимо, вас при этом непременно наполнит очень приятное ощущение радости и удовлетворения.

Сосредоточьтесь на этом удовольствии, на этом кайфе, на радости, проникнитесь ощущением победы, радостного достижения желаемого, уверенности, с которой вы достигаете желаемого. Ощутите это удовольствие в виде яркого, светящегося чистым светом сгустка энергии. А теперь поместите этот сгусток в восходящий поток и буквально пропитайте восходящий поток этим ярким светом, в котором сконцентрированы все ваши эмоции. Возможно, вы физически ощутите, как изменился цвет вашего энергетического потока, каким он стал ярким, сияющим, заполняющим пространство светом.

Шаг 12г. Теперь сосредоточьтесь на области вашего тела, расположенной под пупком. Сформируйте теперь уже в этой области энергетический сгусток, вобравший в себя всю радость победы, удовлетворение и уверенность. Сфокусируйтесь на этом чувстве и ощутите, как сгусток (можете представить его себе в виде линзы — только не прозрачной, а яркой и светящейся, излучающей энергию и силу) закрепился на пути восходящего потока. Это — «фильтр», который будет все время настраивать ваш восходящий поток нужным образом, напитывать его нужной вам энергетикой успеха.

Шаг 12д. Выходите из эталонного состояния. Все. Вы готовы к действию. Можете уверенно идти прямо к победе.

Этот прием работает очень хорошо даже тогда, когда ваш разум не совсем уверен в необходимости выполнения действия. Разум вообще склонен к колебаниям. Если задача проверена на истинность с помощью совмещения с эталонным состоянием, тогда можете не брать в расчет разум, не слушать его колебаний, а смело применять вышеизложенный прием.

В этом случае, как показывает практика, наблюдается поразительный эффект: человек перестает руководствоваться колеблющимся и неуверенным разумом, его напрямую ведет подсознание, которое всегда лучше разума знает, что нам истинно нужно. И человек ведет себя на редкость уверенно, даже если логически такую уверенность не может для себя оправдать.

Люди, практикующие данный метод, часто говорят: «Меня как будто кто-то вел». Или: «Мне как будто кто-то подсказывал, что надо делать и какие слова говорить». Человек в этом случае неминуемо обречен на успех.

Одна из моих учениц, Надя, человек довольно застенчивый и не очень уверенный в себе, запрограммировала себя на поиск подходящей работы. Желание было истинным, программа на эффективность действий начала работать, и в соответствии с этой программой обстоятельства сложились так, что ей представилась возможность пойти на собеседование в очень престижную фирму. А ведь именно в этой фирме она давно мечтала работать! Но осуществить эту мечту никак не решалась: разум колебался, девушка сомневалась в себе, страдала от неуверенности. Да и недоброжелатели с завистниками старались: куда, мол, тебе в такую-то организацию — попроще и поскромнее что-нибудь найди... К счастью, девушка прошла подготовку по системе ДЭИР и, прежде чем идти к работодателю, применила вышеописанный прием. В итоге на собеседование она шла без тени сомнения, уверенно и радостно — ноги как будто сами несли. На вопросы отвечала смело, прямо и уверенно глядя в глаза работодателю, и так четко и гладко, что сама только удивлялась: откуда у меня слова-то такие берутся?

На работу ее приняли сразу же. Позже ее новые коллеги рассказывали ей, что она произвела на всех впечатление очень уверенного в себе, активного, деятельного человека. Один из руководителей организации даже сказал не без восхищения: «Ну и нахальная девица! Молодец! Цену себе знает». Надо полагать, именно таких работников фирма ценила. Девушка, узнав о таком отзыве, была удивлена сверх всякой меры: никто и никогда не говорил о ней таких слов. Все считали ее тихой и скромной. Но с тех пор она начала практиковать данный прием достаточно часто — и действительно стала уверенной! О прежней застенчивости больше и не вспоминала.

Как видите, прием прост, но при этом весьма эффективен. И все же советую вам применять его почаще — с каждым разом вы будете чувствовать себя все увереннее, и все чаще вы будете замечать, что окружающие только и делают, что выполняют ваши пожелания. В этом — ключ к состоянию незаметного управления окружающими, принципы которого будут изложены в третьей книге данного цикла.

Данный прием прост и удобен, но имеет один недостаток: если вам приходится решать в своей жизни много задач, то настраивать себя перед каждой задачей отдельно будет весьма непрактично.

Нельзя ли сделать так, чтобы энергетический импульс, необходимый для победы, возникал сам, автоматически, созданный в нужный момент подсознанием, чтобы не приходилось каждый раз осознанно «накачивать» себя? Можно. Для этой цели я рекомендую следующий прием.

Система навыков ДЭИР
ступень II

Шаг 13. Прием закладки чувства собственной правоты

Этот прием основан на закладке в свое подсознание и эфирное тело чувства собственной правоты. Чувство собственной правоты запускает к действию истинную, постоянную и нерушимую программу на уверенность в себе, не требующую дополнительных «подкачек».

Чувство собственной правоты — вещь необычайно ценная. Но подчеркну: оно ценно и полезно только для достаточно совершенной души! У неразвитого человека чувство собственной правоты обычно происходит не из знания об истинном мироустройстве, не из истинности целей и желаний, а только от ограниченности и тупости, и приводит оно только к реализации ложных желаний. Тогда как у совершенного человека чувство собственной правоты порождает поддержку со стороны энергоинформационного поля, которое формирует для него мощные поддерживающие энергетические потоки.

Вы если еще и не являетесь полностью совершенным человеком, то весьма активно движетесь по пути к совершенству, а это уже очень и очень много. Поэтому вы имеете полное право использовать рекомендуемый мною прием, хоть и с обязательным применением мер предосторожности. Одна из этих мер такова: чтобы чувство собственной правоты не увело вас в сторону от истинных желаний, вы должны приучиться «снимать» с себя это чувство, прежде чем входить в эталонное состояние с целью проверки желаний и целей на истинность.

Отнеситесь серьезно к этой мере предосторожности, иначе вы можете потерять ощущение реальности и самого себя ввести в заблуждение, попав в плен иллюзорных целей. И еще один совет: сначала в совершенстве освойте первый прием, поймайте само ощущение уверенности, которое он вам даст, привыкните к этому ощущению. И только после этого можете приступать к применению второго приема.

Второй прием, так же как и первый, включает в себя несколько ступеней. Предупреждаю: прием действительно непрост, применяя его, легко сбиться на ошибку, поэтому очень внимательно отнеситесь ко всем тем предостережениям, которыми я предусмотрительно снабдил описание приема.

Шаг 13а. Не пугайтесь и не удивляйтесь: вам придется вспомнить (а может, и впервые узнать) о том, что небезызвестный Владимир Ильич Ульянов (Ленин) называл партийной философией. Нет, я не собираюсь агитировать вас за коммунистов, так же как за любую другую партию, политика меня совершенно не интересует, а интересует лишь сам прием в его психологическом (и только психологическом, а ни в коей мере не идеологическом) аспекте. Собственно говоря, название «партийная философия» дан приему Лениным, а сам прием, как таковой, хоть так и не назывался, существовал задолго до него.

Прием состоит в том, чтобы четко отделять свои собственные интересы (в случае с Лениным — партийные, в нашем с вами случае — истинные интересы нашей личности) от интересов окружающих. Делается это осознанно, на уровне разума и логики, на основе четкой оценки своих интересов и анализа ситуации с той точки зрения, насколько ваши интересы соответствуют интересам окружающих.

Предостережение: данный прием категорически нельзя применять постоянно и ко всем жизненным ситуациям без разбору. В принципе, это плохой метод решения проблем, а нам он нужен лишь для того, чтобы, применив его пару раз, запомнить само возникающее в итоге ощущение собственной правоты. Повторяю: нам интересен не метод как способ решения проблем, а лишь ощущение, которое он дает. Запомнив ощущение, можно (и нужно) выбросить метод из головы.

Вот примерные ситуации, в которых вы можете потренироваться в применении метода и в наработке чувства собственной правоты. Ситуация первая: вы — начальник отдела, и вышестоящее руководство навязывает вам нового сотрудника. При этом апеллируют к вашим лучшим чувствам, бьют на эмоции, рассказывают, какой хороший этот потенциальный сотрудник, как ему нужна работа, как он любит вас и ваш отдел. Прежде чем поддаться чувствам и уступить, трезво оцените ситуацию. Отключитесь от эмоций, от навязываемой вам программы, от мнения начальника и спросите себя: а соответствует ли моим интересам, чтобы данный сотрудник был в отделе? Тут может оказаться, что доводов «против» больше, чем «за»: вы знаете этого человека как подхалима и лентяя, к тому же зачем вам иметь в отделе ставленника начальства? Вы сами при необходимости найдете себе нужного сотрудника.

Таким образом, оценив свои интересы и отделив от них интересы начальника, вы сможете спокойно сказать «нет». Вы же точно знаете, что вам надо, а что не надо, и никакие воздействия на ваши чувства не собьют вас с толку.

Ситуация вторая: кто-то предлагает вам поработать бесплатно, опять же апеллирует к совести, к дружеским чувствам и т. д. Прежде чем поддаваться чувствам, спросите себя: зачем вам это надо? Может быть, вам не заплатят деньгами, но заплатят чем-то другим — окажут нужную услугу, например? Тогда можно и согласиться. Но если таким образом отъявленный эгоист приглашает вас на роль бескорыстного альтруиста и доброго гения, а ваши интересы не учитываются абсолютно, — отказывайте смело. На такой «дружеской» помощи вы лишь зря потратите время, а ваш «друг» лишь укрепится в своем эгоизме.

Пусть не такие точно, но сходные ситуации наверняка у вас возникали и возникнут еще не раз, потому что вокруг нас всегда множество людей, желающих за наш счет решать свои проблемы. Такие люди будут появляться в вашей жизни до тех пор, пока вы не проникнетесь ощущением собственной правоты, не научитесь следовать своим интересам и говорить твердое «нет» всем, кто хочет вас сбить с вашего пути.

Предостережение: данный прием не годится для постоянного практикования еще и потому, что он начисто отключает совесть. В результате постоянного применения приема может возникнуть абсолютное и безграничное ощущение собственной правоты, которое человеку не пристало, оно годится лишь для совершенного и непререкаемого божества. Вы не божество, и, как только зарветесь в своей абсолютной правоте, Природа, будьте уверены, очень жестко и немилосердно поставит вас на место. Не надо рисковать и навлекать на себя неприятности. Будем знать меру. Иначе мы рискуем погрязнуть в гордыне и в итоге скатиться по наклонной плоскости. Вспомните, к чему привело Ленина со товарищи и всех продолжателей их дела постоянное следование принципу партийной философии: к деградации, полному краху и огромному ущербу для государства.

Человек по своей природе не должен постоянно чувствовать себя абсолютно правым. Он должен быть гибким, ибо гибкость и пластичность — условие выживания всего и всех на Земле. Быть гибким — значит уметь признавать свою неправоту. Уметь поступаться принципами, если хотите, чего никогда не умели и не допускали большевики. Потому и ушли так бесславно с исторической сцены.

Итак, запоминаем лишь само ощущение правоты, которое мы извлекли из выполнения данного рискованного приема. И включаем его только тогда, когда нам необходимо достичь истинной цели. На что похоже это ощущение?

Это эмоциональный подъем, сопровождающийся уплотнением всего эфирного тела, расширением границ энергетической защитной оболочки, усилением интенсивности свечения этой оболочки. Вместе с тем появляется ощущение, что вы очень твердо стоите на ногах, что вы уверенно ходите по земле, а не витаете где-то в облаках, что вы очень четко и ясно воспринимаете окружающий мир. Запомните все это именно на уровне ощущений. Таким образом вы впускаете ощущение правоты на очень глубокий подсознательный уровень.

Это необходимо, так как, только записав чувство собственной правоты на этом очень глубоком уровне, подсознание сможет оказывать полную поддержку сознанию, когда вам понадобится пустить в ход это чувство. А что такое уверенность в себе, как не полная поддержка сознания подсознанием и отсутствие каких-либо внутренних колебаний? Проникнув глубоко в подсознание, такая правота становится истинной, стоит ее только приложить к любой жизненной ситуации.

Шаг 13б. Теперь вам предстоит создать альтернативное эталонное состояние. Одно эталонное состояние вами давно создано и постоянно используется — оно насыщено какими-то конкретными образами и ощущениями, каки-ми именно, это дело ваше. Может, в вашем эталонном со-стоянии присутствует пение птиц, весенний лес, запах лан-дышей, может, морской прибой и вкус ананасов, может быть, что-то другое. Так вот, на данный момент это посто-янно используемое и привычное вам эталонное состояние оставьте в покое, не трогайте его, отодвиньте немного в сторону. Если вы помните, мы говорили о том, что вам придется при вхождении в эталонное состояние сбрасы-вать с себя чувство собственной правоты, чтобы не по-пасть в плен ложных целей. Вот и оставьте ваше старое, привычное эталонное состояние и для этой цели тоже — туда вы будете входить помимо всего прочего еще и затем, чтобы сбросить свою правоту или проверить ее на обосно-ванность.

Сейчас вам понадобится другое, альтернативное эталон-ное состояние, куда вы и сможете записать появившееся у вас чувство собственной правоты. Прежнее эталонное со-стояние этим портить не будем. Создаем новое. Это просто: добавляем в привычное нам эталонное состояние какой-ни-будь новый объект или меняем прежний объект на другой. Например, было море и ананас — добавляем пальму и стук кастаньет. Была весна и ландыши — меняем на лето и зем-лянику. И запоминаем, что эти новые признаки имеют от-ношение не к основному, а к альтернативному эталонному состоянию. Они будут вам служить ориентиром для входа в него.

Теперь входим в это новое эталонное состояние и берем в него с собой чувство правоты во всей его полноте — с эмо-циональным подъемом, ощущением устойчивости, уплотне-нием оболочки и так далее, — у каждого могут быть свои нюансы.

Шаг 13в. Не выходя из эталонного состояния, внедрите это ощущение в виде энергетического сгустка в себя — пря-мо в мозг, в его центр, и в верхнюю чакру, где располага-ется воображаемый регулятор восходящего потока. По-чувствуйте, как восходящий поток резко усиливается и весь организм, до мельчайших клеток, наполняется приятными ощущениями и положительными эмоциями.

Шаг 13г. Вы ощутили, как ручейки от этого внедренно-
го в восходящий поток позитивного настроя распростра-
нились по организму, а теперь выпустите их дальше, ощутите, как они заполняют собой всю вашу защитную энергетическую оболочку, формировать которую мы учились при
освоении первой ступени ДЭИР.

Шаг 13д. Когда ощущение заполненности энергетической оболочки позитивным настроем станет достаточно чет-
ким, можно выходить из эталонного состояния.

Повторять данную процедуру нужно так часто, как требуется, а именно: при любой нестойкости настроения, при
любых колебаниях и при каждом появлении чувства неуверенности в себе.

Что произойдет дальше, когда вы освоите прием в совершенстве? Произойдет следующее: любая ситуация, воз-
никающая во внешнем мире, тут же будет подсознательно
отслеживаться и оцениваться на уровне вашей энергетики, а энергетика, получившая на собственном опыте ощущение уверенности и правоты, тут же продиктует подсознанию, как нужно себя вести, чтобы разрешить ситуацию
с максимальным положительным эффектом. Проявляться
это будет так: стоит возникнуть любой требующей не-
медленного разрешения ситуации, как вы тут же отреаги-
руете ощущением эмоционального подъема, уверенности
и желания действовать. Дальше останется только довериться-
ся подсознанию, которое с безупречной точностью под-
скажет, что именно и как именно вам надо делать для достижения абсолютного успеха.

Этот прием идеально подходит для преодоления и про-
филактики депрессий, а также выхода из кризисов и жизненных неудач.

Была у меня ученица, которая, казалось, делала некоторые успехи в освоении первой ступени системы ДЭИР,
но вдруг неожиданно исчезла. Через полгода ко мне пришли ее родители с отчаянной просьбой: помогите хоть чем-
нибудь, с дочерью нелады. Лежит на диване, смотрит в одну точку, говорит, что не хочет жить. Так длится уже несколько месяцев. А девушке всего 22 года! Но ничем не

удается ее отвлечь от мрачных мыслей, заинтересовать, хотя подруги то на танцы, то в театр ее зовут. Но она ничего не хочет.

Пришлось пойти к девушке самому. Я не узнал свою бывшую ученицу: ничего не выражающие потухшие глаза, втянутая в плечи голова, круги под глазами, вялые движения. Выяснилось следующее: в период обучения системе ДЭИР девушка была студенткой педагогического института. Теперь она окончила институт и стала учительницей в школе. Вроде бы она и хотела этим заниматься, но вот беда: дело как-то сразу не заладилось. Класс попался трудный, педагогический коллектив оказался на редкость невнимательный, ничем не помог молодой учительнице, а ей не хватило опыта и характера. В итоге дисциплина на ее уроках — просто никуда, дети над ней всячески издеваются, доводят до слез, она не способна в такой ситуации никого ничему научить, не укладывается в программу, за что ее терроризирует директор, прорабатывает на каждом совещании.

Девушка разочаровалась в себе и в жизни, решила, что она бездарный, ни на что не годный человек, и впала в страшнейшую и опаснейшую апатию, переросшую в депрессию. Школу она возненавидела, на уроки шла как на голгофу, с одной только мыслью: скорее бы все это кончилось. Казалось, надо подумать о смене профессии, но никакая другая работа ее тоже не интересовала. Получалось, что ей ничего в жизни уже не хочется, жизнь потеряла смысл, и вечерами после работы, а также в выходные девушка только и делала, что лежала на диване, глядя в одну точку.

Мне потребовалось несколько часов, чтобы вернуть девушку к реальности и добиться, чтобы в ее глазах появился какой-то проблеск. Увидев, что она по крайней мере вышла из невменяемого состояния и способна меня услышать, я сказал: «Ну что же ты, милочка, бросила наши занятия на самом интересном месте? Ведь все самое замечательное — впереди!» Она немного оживилась, но потом снова за свое: «Мне никто уже не поможет...» И тогда я рассказал ей о второй ступени системы ДЭИР. «А знаешь ли ты, что я могу научить тебя управлять своей судьбой? А знаешь ли ты, что стоит тебе только захотеть, и твои ученики будут вести себя так, как нужно тебе? Да и директор школы будет делать только то, что ты захочешь!»

Она сначала не поверила. Но я-то уже видел, что ее подсознание просто жаждет зацепиться за подброшенный мною шанс. Еще несколько примененных мною приемов — и ее подсознание полностью завладело сознанием, и наконец девушка произнесла: «Да, я хочу жить, хочу учиться, хочу управлять своей судьбой». Девушка ожила! Родители не знали, как меня благодарить, но это было еще далеко не все, путь к преодолению депрессии еще только начинался.

Прежде всего мы договорились, что каждый урок в школе она будет воспринимать как урок своего собственного развития и совершенствования, как маленький эксперимент по развитию навыков уверенности в себе и управления ситуацией. Мы условились, что она не будет требовать ни от себя, ни от учеников слишком многого, не будет ждать мгновенных перемен к лучшему, будет относиться к своей работе именно как к эксперименту, где отрицательный результат — тоже результат, из которого можно делать выводы. Так настроиться было достаточно просто, ведь терять ей все равно было нечего, ситуация на ее уроках была хуже некуда.

Для начала я посоветовал ей каждое утро перед уроками применять первый из описанных здесь приемов программирования себя на уверенность. Она поняла, что каждый школьный день для нее — это бой, который надо стремиться выиграть, тогда как прежде она просто сдавалась без боя.

Изменения начались в первый же день. Программируя себя на уверенность, девушка отработала состояние, в котором она воодушевленно выступает у доски, а класс слушает, открыв рты и вытянув шеи. Запомнила ощущение победы, наслаждения, кайфа, внесла его в эталонное состояние. А дальше — доверилась подсознанию, решив отбросить все планы и конспекты урока.

Урок был посвящен поэзии Пушкина (девушка преподавала литературу). Ученики — четырнадцатилетние подростки, самый трудный возраст, самый трудный класс. Уже входя в класс, она ощутила вдруг небывалый эмоциональный подъем, окрыленность, силу и волю к победе. Потом она рассказывала мне, что чувствовала себя бойцом на баррикадах, который идет в свой последний бой и которому нечего терять. Походка вдруг стала уверенной, взгляд — твердым, и в голосе появился металл, которого прежде не было и в помине. Ей захотелось их победить, появилось желание, сильная эмоция, стремление к победе, а ведь раньше ничего не было, одна апатия и безразличие.

Класс заметил перемены сразу — дети очень чутки, их не обманешь, они всегда отличат подлинную уверенность и силу от притворных и показных. Класс удивленно затих, у кого-то так и не сорвалась с языка заготовленная привычная грубость, чей-то язвительный смешок оборвался на полутоне... Они смотрели на нее абсолютно новыми глазами, с нескрываемым интересом. А она вдруг почувствовала, что не в состоянии произносить казенные, безликие слова из учебников литературы и методичек для учителей — просто язык не поворачивался. Вместо этого начала читать стихи — самые свои любимые, не входящие в школьную программу: «Мне не спится, нет огня; всюду мрак и сон докучный. Ход часов лишь однозвучный раздается близ меня...», «Когда, любовию и негой упоенный, безмолвно пред тобой коленопреклоненный, я на тебя глядел и думал: ты моя, — ты знаешь, милая, желал ли славы я...». Она читала воодушевленно, с истинным чувством и сама удивляясь, откуда у нее этот актерский дар.

Дети слушали молча, завороженно, как она себе намечтала в своем воображении. Но думала ли она, что столь смелые мечты (как ей тогда казалось) так быстро станут реальностью! А получилось вот что: учительница победила класс своей энергетикой, силу и мощь которой она в первый раз использовала осознанно. У нее получилось! Помогли и интуитивно выбранные стихи: они оказались настолько энергетически мощными, что, будучи хорошо, эмоционально и осмысленно прочитанными вслух, оказали очень сильное воздействие, буквально загипнотизировали класс.

Потом она с учениками говорила о любви и о славе, об увлечениях Пушкина и его донжуанском списке, о том, почему Владимир Высоцкий пел: «Кто кончил жизнь трагически, тот истинный поэт», о том, почему бывают с нами так жестоки самые близкие люди и почему предают любимые, о том, достойна ли презрения или уважения Натали... Дети-то оказались вовсе не дураки, просто скучная учительница успела их доконать своим формальным подходом к делу, но как только они увидели вместо нудной и вечно заплаканной грымзы живую и привлекательную молодую особу с блеском в глазах и живой мимикой — ожили и увлеклись сами.

Затем каждый урок приносил ей какую-то маленькую победу. Позже мы еще основательно поработали над освоением второго приема — записи в подсознание ощущения собственной правоты. Сейчас депрессии как не бывало, жизненный кризис преодолен. В класс молодая учительница теперь идет не как на бой, а как на сцену, на высокую кафедру, с которой она может сказать очень много — с ощущением полного права на это и абсолютной уверенности. Исчезла скованность в отношениях с учениками, она больше не теряется в ответ на грубости и шутки, она научилась достойно отвечать, научилась ставить на место уж очень распоясавшихся одной лишь фразой и даже одним взглядом. Откуда она этому научилась — она и сама сказать не может. Говорит, как будто внутри появился какой-то другой человек, который точно знает, как себя вести, что делать, что говорить в разных ситуациях, и который все время подсказывает ей стиль и детали поведения. Раньше она была растерянной, ненаходчивой, не блистала остроумием, а теперь за словом в карман не лезет, и даже самые отпетые хулиганы стали бояться ее острого язычка. К ней вернулась радость жизни, вернулся утерянный смысл.

Вот такая история. Программа, изложенная в этой главе, — это и есть собственно программа на вечную уверенность в себе, включающая механизм эмоциональной поддержки собственных желаний и автоматически обеспечивающая стимуляцию подсознания. Это один из могучих ключей управления собственным эмоциональным состоянием, позволяющий справляться с плохим настроением, апатией, депрессией.

Здесь мы подошли к очень важному моменту нашей книги. Именно в этой главе, в связи с программами на уверенность, мы подошли к решению проблемы, которая, наверное, казалась вам раньше слишком сложной и даже неразрешимой, — проблемы смысла жизни. Теперь вы вполне готовы к тому, чтобы разрешить эту проблему не только в философском, но и в практическом смысле. Теперь вам должно стать ясно: смысл жизни человека (я это подчеркиваю — именно человека, пока он в своем теле, а не перешел в новую жизнь) в том, чтобы выполнять свои истинные желания, действуя активно и получая положительные эмоции, радость и удовлетворение от своих действий. И все! Да, вот так все на самом деле просто. А что это будут за действия, каких именно целей вы будете достигать, какие именно желания выполнять — не суть важно. Вы уже усвоили, что для человека, ощущающего себя частью энергоинформационного поля, ни одно действие в материальном мире не важнее, чем любое другое действие. Что вы будете делать — совершенно не важно. Смысл — в процессе, а не в результате, в получении удовольствия от этого процесса, в укреплении своей энергетики истинными и успешными действиями.

То есть вы можете найти глубокий и истинный смысл просто во всем — во всем без исключения, что бы вы ни делали, даже в сущих мелочах. Если ваши действия — это именно ваши действия, а не навязанные извне, если выполнять их было вашим осознанным выбором, если они соответствуют вашей истинной сущности, — то вы получите максимум радости даже от таких будничных действий, как мытье посуды или оклейка стен обоями.

Попробуйте — убедитесь: жизнь расцветет новыми красками, вы увидите, какое множество поистине прекрасных мгновений, скрытых в самых обычных вещах, вы раньше не замечали, пропускали мимо глаз и ушей. Вы почувствуете, что научились получать удовольствие от каждого момента.

Кроме того, если в этот момент вы следуете истинным желаниям и делаете то, что вам действительно хочется, вы реально удлините свою жизнь, ведь каждую минуту своей жизни вы будете испытывать такую гамму приятных ощущений, которую раньше не получали и за год. Каждый день по насыщенности начнет равняться, как минимум, месяцу жизни, а то и больше!

У вас не будет теперь пустых и бессмысленных дней, потраченных на то, чтобы выполнять чью-то чужую волю и делать то, что нужно не вам, а кому-то другому. У вас начнется настоящая жизнь — такая жизнь, которая только и имеет право называться человеческой жизнью. Большинство людей, к сожалению, лишены этого счастья, их жизни являются бессмысленным времяпрепровождением и хаотическим нагромождением навязанных извне событий, в котором человек просто тонет, будучи не в состоянии разгрести весь этот хаос, убрать из жизни ненужный хлам.

Мы с вами — хозяева самим себе и своей жизни. Никто не может заставить нас свернуть с нашего пути, никто не может подчинить нас себе. Мы выполняем те задачи, которые нам диктует наша сущность, — свои истинные задачи, мы делаем то, что нам действительно нужно, мы живем в соответствии со своими истинными желаниями и получаем удовольствие от каждого мига, когда мы реализуем свои истинные желания, когда мы действуем, когда достигаем цели. Это и есть то счастье, к которому подсознательно стремится, но которое никак не может осознать, а тем более достичь большинство современных людей.

Итак, вы усвоили суть и механизм действия программы на уверенность в себе, научились создавать в себе всплески энергии, необходимые для активного действия, научились управлять своими эмоциями и подошли к решению вопроса о смысле жизни. Теперь осталось познакомить вас с парой очень полезных приемов, которые позволят сделать вашу программу на уверенность еще более действенной.

Система навыков ДЭИР
ступень II

Шаг 14. Повышение энергии для общей стимуляции программы

Для того чтобы привести себя в состояние, в котором вы станете и вовсе неодолимым, нужно скомбинировать вышеизложенный прием с приемом повышения собственного энергетического потенциала. Лучше делать это непосредственно на восстановительной стадии энергетического поста. Рекомендую следующие действия.

Шаг 14а. Войдя в пятую фазу энергетического поста, подробно описанного в предыдущей главе, найдите момент для совмещения этой фазы с программой на уверенность в себе. Сначала вспомните ощущение собственной правоты, наработанное вами методом «партийной философии», — проникнитесь этим ощущением, сконцентрируйтесь на нем во всей его полноте, во всех деталях.

Шаг 14б. Войдите в альтернативное эталонное состояние — то самое, которое вы совмещали с ощущением собственной правоты.

Шаг 14в. Методом экстренного набора энергии, изложенным в предыдущей главе, накачайте как следует свой центральный поток.

Шаг 14д. Выйдя из эталонного состояния, можете выполнять любые действия, какие только захотите. (В соответствии с истинными желаниями, конечно, — надеюсь, вам уже не надо об этом напоминать? Ведь других действий и других желаний для вас уже просто не существует.)

То состояние, в которое вы войдете благодаря этим четырем шагам, экстрасенсы называют состоянием «астрального танка». Представляете себе танк? На подсознательном уровне окружающие начнут реагировать на вас так, как если бы действительно видели перед собой танк. А для танка нет преград!

Одна из моих учениц, девушка хрупкая и нежная, в состоянии «астрального танка» шла по улице. Дело близилось к вечеру, смеркалось, а жила она на окраине, где как раз в это время суток на улицу выползали разные криминальные элементы. Собственно, девушка потому и применила метод танка, что безумно боялась бандитов и хулиганов. Итак, своей легкой изящной походкой (внешне ничем не напоминая танк) она шла по улице и, приближаясь к своему дому, вдруг увидела на своем пути подозрительную компанию — группу явно нетрезвых мужиков, которые грязно матерились и были настроены весьма агрессивно. А надо сказать, в состоянии «астрального танка» у человека столь мощная энергетика, что даже чувство страха не способно ее пробить. Девушка «почему-то» не испугалась — чему сама удивилась — и продолжала спокойно приближаться к мужчинам. Они замолчали, посмотрели в ее сторону, причем их взгляды не сулили ничего хорошего, один из них даже успел сделать полшага ей навстречу, как вдруг... Произошло неожиданное: мужики расступились, кто-то бросил: «Собьет!» Девушка спокойно прошествовала мимо. Больше она эту компанию возле своего дома не видела.

Чудо? Нет. Обычный эпизод из жизни человека, занимающегося развитием и совершенствованием своей энергетики.

Теперь освоим еще один полезный прием, который поможет вам вселять уверенность не только в себя, но и в окружающих, а заодно настроить их на помощь и поддержку по отношению к вам.

Система навыков ДЭИР
ступень II

Шаг 15. Сгусток энергии желания

Честно говоря, сейчас я немножко забегаю вперед: гармонизации окружения и обеспечению социально-эмоциональной поддержки окружающих будет полностью посвящена третья книга. Но для реализации желаемого этот прием не помешает уже сейчас.

Психологи давно установили, что все люди делятся от природы на две категории: экстраверты и интроверты. Экстраверт — человек, чья энергетика направлена наружу, вовне, про таких говорят: «весь из себя». Интроверт, напротив, «весь в себе», это более закрытый, замкнутый человек. С освоением четвертой ступени ДЭИР вы перестанете зависеть от природных особенностей, делающих вас экстравертом либо интровертом, вы сможете по своему желанию в зависимости от обстоятельств быть и тем, и другим. Но пока что данная классификация распространяется и на вас — ничего не поделать, это реакция на окружающий мир клеточных структур подсознания, заведующих так называемыми стайными реакциями. Пока вы над этими структурами не властны, и если вы интроверт, то в меньшей степени нуждаетесь в поддержке окружающих, а вот если вы экстраверт, то данная поддержка вам нужна в большей степени. Для помощи вам на данном переходном этапе вашего развития и разработан этот прием.

Шаг 15а. Наметьте в своем окружении человека, чья поддержка вам нужна. Накачайте как следует энергией свой центральный поток и войдите в состояние собственной правоты. Распространите это ощущение на центральный поток, впустите его в свое эфирное тело и защитную энергетическую оболочку, чтобы она насквозь оказалась пропитанной и пронизанной собственной правотой.

Шаг 15б. Теперь вам предстоит отделить от себя кусочек собственной энергетики, пронизанной ощущением собственной правоты. Нечто похожее вы делали, когда избавлялись от порчи (это мероприятие подробно описано в первой книге), но тогда вы вытесняли из своего эфирного тела сгусток чуждой энергетики — теперь же надо будет отколоть фрагмент своей собственной. Итак, тем же методом, что и при снятии порчи, отделяем кусок своей энергетики (в любом месте, где вам удобнее, — вас от этого не убудет, оболочка у вас очень мощная и накачанная, а если ощущаете слабость, сначала приведите себя в норму) — разрыхляем поле в области отторгаемого фрагмента, а потом выталкиваем его наружу. Если вы способны видеть на астральном уровне (чему вы учились в первой книге), то увидите, как от вашей ауры отделилась светящаяся сфера.

Шаг 15в. Теперь вам нужно передать эту сферу эфирному телу того человека, в чьей помощи вы нуждаетесь. Не волнуйтесь, вреда человеку вы не нанесете, он, напротив, будет очень доволен, ведь вы даете ему мощную энергетическую подпитку, вкусную пищу, в виде мощного куска собственной энергетики. Этот кусок очень хорошо встанет на уровень головы вашего товарища, — если вы видите ауру, то заметите, как светящаяся сфера входит в его эфирное тело и располагается в нем как дома.

Шаг 15г. Теперь вам надо оживить, пробудить к жизни и заставить работать внедренный вами кусок энергетики. Для этого достаточно слегка прикоснуться к нему потоком из своей Аджна-чакры. После этого светящаяся сфера начинает работу.

Шаг 15д. С этого момента каждое прикосновение луча из вашей Аджна-чакры к внедренному сгустку будет посылать волны уверенности в вашем деле в подсознание вашего собеседника. Чем сильнее вы коснетесь, тем сильнее будет волна. Ответная поддержка не заставит себя ждать.

Шаг 15д (вариант). Существует еще один вариант данного метода — можно прикоснуться к сгустку выплеском из своих нижних чакр. Это запустит программу на уверенность в вашем товарище на полный ход. Теперь он самостоятельно будет совершать действия, работающие на ваше общее дело, станет союзником даже без вашей руководящей роли.

Остается добавить, что, выполняя этот прием, вы не делаете ничего сверхъестественного. Именно этот маневр, не зная об этом и не осознавая этого, совершают подсознательно люди, занимающиеся каким-то общим делом. Именно так создаются команды единомышленников: один человек передает свою энергетику, заряженную уверенностью в победе, другому, тот — следующему, и так далее. Постигнув энергетический механизм этого явления, вы теперь сможете создавать команды единомышленников осознанно и целенаправленно. Освоив данный прием, в этом преуспевают даже люди, по натуре не являющиеся лидерами. А ведь признак лидера в том и состоит, что он обладает энергетикой, пронизанной уверенностью в себе и чувством собственной правоты, — и щедро делится этой энергетикой с другими. Потому к нему и тянутся люди, потому он и ведет их за собой. Теперь и для вас в этом нет ничего недостижимого. Смело становитесь лидером — и пусть люди идут за вами.

К данному этапу освоения второй ступени системы ДЭИР вы действительно прошли уже очень серьезную подготовку и достигли очень и очень многого. У вас теперь не должно быть никаких проблем с неуверенностью в себе, депрессиями и плохим настроением. Вы понемногу овладеваете всеми особенностями и преимуществами новой фазы эволюции. Если вы добросовестно выполняете все шаги и приемы, описанные здесь, и идете строго вслед за автором, то наверняка заметили, что вам стало везти, ваши действия эффективны, вы здоровы и всегда уверены в себе. И окружающие, несомненно, это чувствуют — они чувствуют в вас внутреннюю силу, мощь и уверенность, они заметили в вас нечто, чего нет в них самих, и стали инстинктивно относиться к вам с уважением. Ваша сила и мощь нарастают с каждым днем, жить становится радостнее — так и должно быть, вы на правильном пути!

Но и это еще далеко не все. Вы и сами чувствуете, что в вас самих до сих пор существуют какие-то серьезные препятствия. Эти препятствия называются загадочным словом «карма».

Карма, как мы уже говорили, проявляется в виде нежелательных цепочек событий, различных заморочек, с которыми вы не можете совладать, несмотря на все те приемы, которые вы уже успели освоить. Да, вы уже вырвались на свободу, да, вы уже хозяева собственной судьбы, — а карма все тянется и тянется следом. Пользуясь аллегорией, можно вспомнить историю про пионера, сбежавшего из пионерского лагеря, которую мы уже приводили в этой книге. Он сбежал на свободу, но представьте себе, что за ним увязался, скажем, маньяк. И как бы далеко ребенок ни убегал от прежней рабской жизни к новой, свободной, его продолжают преследовать. Так же и карма.

Но в вашей ситуации есть одно очень серьезное преимущество по сравнению с обычными людьми. Вы очистили и укрепили свою энергетику, вы очистили также сферу своих желаний, целей и действий. Вы стали гармоничным человеком, а на этом фоне все несовершенное, неправильное, что осталось в вас, все проблемы всплывают очень легко, становятся видны невооруженным глазом. Поэтому сейчас все ваши кармические проблемы — как на ладони. То, что вас до сих пор продолжает мучить, — это и есть карма. Она всплыла на фоне вашей очищенной энергетики, она обнажена и громко заявляет о себе.

Поэтому у вас не должно возникнуть никаких проблем с диагностикой кармы. Вам нет нужды обращаться к многочисленным появившимся сейчас специалистам по карме, большинство из которых шарлатаны, — вы все можете сделать самостоятельно. Ваша карма обнажена, и вы легко увидите ее сами — не нужны специалисты, которые полезут глубоко в ваше подсознание и еще неизвестно, чего там натворят. Ваша карма сама всплывает из подсознания, надо только уметь ее фиксировать и идентифицировать.

В следующей главе мы будем разбираться, как возникают кармические проблемы, как их преодолевать, как отрабатывать самые сложные из них.

Вы только что научились управлять собственной судьбой, всеми ее процессами и течениями, а теперь научитесь работать еще и с причинами, приводящими к той или иной судьбе. Как опытные капитаны в бурном море, вы будете легко лавировать между мелями, ловя попутный ветер и стремясь к видимым только вам райским островам на туманном горизонте. Счастливого пути!

Глава 6

Диагностика и коррекция кармических связей

Карма — одна из самых загадочных тем, поднимаемых современной литературой. Одни авторы говорят о карме как о некоем непреложном законе, который невозможно преодолеть, — они исследуют события, связанные с развитием и отработкой кармы, но не предпринимают никаких действий, чтобы облегчить участь людей, страдающих от кармических причин. Другие посвящают гигантские труды советам по преодолению и отработке кармы.

Наша система позволяет сделать то, чего еще никому не удавалось. Следуя системе ДЭИР, вы сможете достичь уникальных результатов в деле коррекции своей кармы. Посудите сами, в какой уникальной ситуации вы находитесь. Ведь вы уже знаете механизм наработки кармы и знаете, как его обойти: карму создают ложные желания, а вы уже избавились от них. Значит, вы уже не набираете новой кармы. Теперь вам остается только выявить и преодолеть прежнюю, уже наработанную в прошлом, — и это для вас не представит особых сложностей, ведь карма, как мы уже говорили, в вашем нынешнем состоянии всплывает и дает о себе знать сама.

Итак, что же такое карма? Наиболее приемлемым на данный момент является такое определение кармы: это реализация ложных стремлений, отпечатавшихся с предыдущей жизни в структуры сознания.

Подчеркну: в виде кармы в структуры сознания записываются только отклонения от истинных стремлений — то есть стремления к достижению ложных целей. Раньше у вас были ложные стремления — сейчас их нет, но след от прежних, разумеется, дает о себе знать, события, вызванные кармическими причинами, все продолжаются, ибо эти причины по-прежнему сидят очень глубоко внутри вас.

Даю пояснения, потому что у вас неизбежно должны возникнуть вопросы: как именно отпечатываются эти прежние события и где они, собственно, записаны? Вы уже знаете, что ваше эфирное тело имеет определенную конфигурацию в пространстве. Ваша защитная энергетическая оболочка тоже имеет определенную форму. Так же и структуры сознания имеют свою конфигурацию — просто это еще более тонкая материя, чем эфирное тело и энергетическая оболочка. Структуры сознания относятся к более высокому уровню энергоинформационного поля и находятся по отношению к физическому и эфирному телу в другом измерении. Сознание каждого человека имеет свою, присущую только ему, уникальную конфигурацию. Как только человек отступает от истинных целей, начинает преследовать ложные цели и совершать ложные поступки — то есть нарабатывать карму, — его сознание под воздействием этих ошибочных и неправильных деяний (они ведь жестоко конфликтуют с подсознанием) меняет свою конфигурацию. На нем появляются патологические наросты или дыры, впадины. Эти патологические образования сами по себе не исчезают, никуда не деваются — человек с ними живет и умирает. И даже перерождаясь, воплощаясь в новое тело для следующей жизни, он наследует эти дефекты, доставшиеся от прошлой жизни. Самое главное, что эти дефекты сознания, эти наросты и дыры, имеют программирующее свойство: они продолжают человека программировать на вступление в тот же самый стиль отношений, которые имели место в прошлой жизни, они продолжают подталкивать человека к ложным целям, отклоняться от истинного пути и, соответственно, заставляют получать все негативные последствия от таких деяний.

Представьте себе: в новой жизни у человека уже нет причины подчиняться прошлым ложным целям, а он все продолжает им следовать помимо своей воли и никак не может остановить этот процесс. Ложные цели реализуются автоматически, человек не совершает никаких действий для своего вовлечения в их реализацию, воспринимает их как нечто постороннее и раздражающее. Но то, что заложено в прежней жизни в сознание, в нынешней жизни переходит в подсознание и стремится реализоваться во что бы то ни стало — каким бы абсурдным и несвоевременным для человека это бы ни было. Так работает карма.

Очень часто карма маскируется под обычные внешние обстоятельства, которые якобы приходят откуда-то извне и никак не зависят от человека. Но это не так. На самом деле именно карма и подстраивает эти обстоятельства — вернее, само ваше подсознание подталкивает вас к тем внешним событиям, которые нужны для реализации кармы. Чаще всего эти события абсолютно противоестественны для вас, но вы вынуждены в них участвовать. Карма сильна, ведь ложная цель, ее порождающая, практически всегда поддерживается энергоинформационным паразитом. Весь фокус в том, что в нынешней жизни вы уже вышли из сферы влияния данного паразита — но ложное стремление, унаследованное от прежней жизни, остается. Причем даже сознанием, разумом и логикой вы можете понимать, что это стремление бессмысленно, абсурдно и губительно для вас, но ничего с этим сделать не можете.

Именно этим объясняются случаи, когда женщина раз за разом выходит замуж за алкоголиков, хотя умом каждый раз понимает, что ничего хорошего ей это не сулит, но ничего не может поделать — порочная карма просто затягивает ее в эти браки помимо ее воли. То же самое с мелким хулиганом или вором, который хочет ступить на путь праведной жизни, но не может справиться с собой: какая-то сила снова тянет его воровать, а потом обрекает отбывать срок в тюрьме. Если в прежней жизни человек был вором и карма не отработана, он не раскаялся, не осознал всем своим существом неправедность своих деяний, то прежняя карма будет снова и снова программировать его на неправедные деяния (причем совершенно не обязательно воровство — были бы так же стимулированы чувства вины и опасности) и в этой жизни.

Карма может быть получена не только в прошлой жизни. Кармические причины ваших неприятностей могут быть унаследованы и от предков. Наиболее часто карма переходит от матери к носимому ею ребенку и от деда к внуку (причины возникновения последней закономерности пока не совсем ясны, но она проявляется абсолютно четко).

КАРМИЧЕСКИЕ ПРИЧИНЫ И ИХ ПОСЛЕДСТВИЯ

Теперь разберемся более подробно в том, что же скрывается за словами «кармические причины». Я хочу вам представить составленную нами классификацию кармических проявлений с описанием вызываемых ими последствий. Иными словами, сейчас вы узнаете, какие именно события и явления вашей прошлой жизни могут отягощать вашу карму и как распознать по проявлениям в данном воплощении, какие именно кармические причины вас преследуют.

1. Незавершенность дел, важных для вашего личного духовного развития в прошлой жизни.

Иными словами, вы должны были следовать истинным желаниям, но не следовали, должны были совершать поступки, продиктованные этими истинными желаниями, но не совершали их. Вы скатились в бездействие и не прошли доступный для вас этап развития в прошлой жизни. Вы деградировали, вместо того чтобы развиваться. Подсознание зафиксировало это отклонение.

В нынешней жизни такого рода карма проявляется следующим образом: вы постоянно, лихорадочно и хаотично, помимо своей воли втягиваетесь в какие-то совершенно ненужные вам дела, в результате чего терпите только неудачи. Это происходит потому, что вы подсознательно стремитесь компенсировать бездействие в прошлой жизни, но ваша карма не позволяет вам сконцентрироваться на истинных целях и истинных поступках, а толкает все время на ложные.

Такие люди очень часто втягиваются в бурную общественную деятельность — они создают какие-то организации, выдвигают инициативы, вечно носятся с идеями, чаще всего бредовыми и пустыми, — но от них больше шума и треска, чем дела. К настоящей, серьезной, сосредоточенной работе эти люди оказываются не способны, однако слывут активными и деятельными, потому что умело создают видимость активности и бурной деятельности. Вести себя по-другому они не могут, даже если бы захотели. Одна такая женщина слыла лучшим в городе специалистом по связям с общественностью, многие фирмы с удовольствием приглашали ее к себе, но... очень скоро увольняли за полный развал работы. Тем не менее следующая фирма снова с радостью принимала ее на работу — настолько женщина была убеждена в собственных возможностях и так устойчив был ее имидж деятельной личности. Но, по сути, она оказалась очень несчастным человеком, так как продолжала отягощать свою карму и в конце концов лишилась и работы, и своего имиджа.

2. Рабское положение или стремление подчиняться в прошлой жизни.

Такие люди опять же не осуществили своих истинных желаний — они выполняли желания других, а себя приносили в жертву. Они отказывались от реализации своего собственного предназначения в жизни, от тех задач, которые они должны были решить в данном воплощении. Такой человек в общем-то отказывается от самого себя, совершает непростительную подмену, начиная подчинять себя прихотям и желаниям другого. Даже Библия признает это большим грехом (помните: «не сотвори себе кумира»). Если человек в прошлой жизни был рабом или крепостным по своему социальному статусу, то его ошибка в том, что он не только внешне подчинился хозяину — он подчинился ему внутренне, стал рабом в душе, а не только согласно социальному положению. Такого человека даже если отпустить на свободу, он все равно вернется к рабовладельцу и будет ему пятки лизать — только возьми обратно. По-настоящему внутренне свободный человек будет ощущать себя свободным даже в статусе раба, потому что его душу и сознание никто не может подчинить.

В нынешней жизни такая карма проявляется тем, что человек страдает слабодушием, легко впадает в зависимость от всех и каждого. Им может управлять кто угодно, из него, что называется, можно веревки вить.

Очень часто это мужчины, легко попадающие под женское влияние, — есть такой тип слабых бесхарактерных мужчин. Причем сам человек от этого страдает, пытается вырваться, старается всячески скрыть этот недостаток от окружающих, но безуспешно. Один такой молодой человек просто ненавидел свою начальницу — сильную, властную женщину, но при этом безумно от нее зависел. Пытаясь вырваться из этой зависимости, он все ее распоряжения выполнял «с точностью до наоборот» и всячески проявлял своеволие, пытаясь доказать всем и самому себе, что на самом деле он самостоятельный независимый человек. Но чем больше он это делал, тем яснее становилось для окружающих, что он у нее под каблуком. В конце концов эта начальница... женила его на себе. Как он сопротивлялся, как он бегал от нее, бедный. А потом — смирился. Ведь она ему обеспечила покой, комфорт и благополучие, а его карма как раз и программировала его на то, чтобы спрятаться за чьей-то широкой спиной от жизненных невзгод, чтобы покориться, стать рабом.

3. Наличие в прошлой жизни энергетического иждивенца (постоянного вампира в лице, например, собственного ребенка или другого родственника).

Человек, всю жизнь подкармливающий вампира, опять же обслуживает другого вместо себя, отдает свою энергетику на осуществление чужих целей и желаний и оступает таким образом от своих целей и задач.

В нынешней жизни это проявляется в болезненном стремлении помогать другим, даже тогда, когда об этом никто не просит. Такие люди всегда решают чужие проблемы, как будто своих у них нет. Очень часто человека к этому побуждают извне: вокруг него все время вьется один или несколько назойливых халявщиков, которые норовят спихнуть на него свою работу. Помните фильм «Осенний марафон»? Одна из героинь этого фильма, бездарный переводчик (роль которой исполняет Галина Волчек) все время вынуждает героя (Олег Басилашвили) помогать ей в работе. И он безропотно выполняет всю ее работу — в ущерб себе, своему времени, своим интересам. Тот самый случай!

Очень часто это мамы, бабушки, которые не дают детям и внукам шагу ступить самостоятельно, все время стараются подставить свои руки, подстелить соломки, взять на себя все трудности и проблемы ребенка. Страдают от этого и дети — вырастают беспомощными, несамостоятельными. Страдают и сами эти мамы и бабушки: когда дети вырастают, они начинают ощущать свою ненужность и бесполезность, вплоть до полной потери смысла жизни. В чем смысл жизни? Правильно, в выполнении своих истинных желаний, а вовсе не желаний детей и внуков. Понимаете теперь, в чем ошибка таких заботливых пап-мам, дедушек-бабушек? Понимаете теперь, как заблуждаются те, кто считает: смысл жизни — в детях!

Оставьте детям их собственный смысл жизни. А сами живите в соответствии со своим.

4. Сильный испуг или страхи в прошлой жизни.

Страх — результат неразвитой энергетики и невнимания к своей энергоинформационной сущности. Вспомните: мы уже говорили о том, что мощную энергетическую оболочку страх не пробивает. Если страх пробил человека в прошлой жизни и угнездился в его структуре — значит, такой человек не справился с задачей, которая перед ним стояла, не смог укрепить свою энергетическую оболочку до такой степени, чтобы справиться со страхом. За что теперь и расплачивается — ведь запечатленные тенденции продолжают существовать, хотя уже и не поддерживаются собственно сознанием!

В нынешней жизни данная разновидность кармы проявляется постоянной тревожностью или наличием мучителей и тиранов, которые не дают нормально жить, мучают и издеваются как физически, так и морально.

У одной из моих пациенток судьба в прошлой жизни очень напоминала судьбу девушки-колдуньи Олеси из одноименной повести Куприна (вспомните фильм «Колдунья» с участием Марины Влади). Ее растерзала озверевшая толпа. В этой жизни девочка уже родилась со страхом перед людьми, особенно перед большим скоплением людей. Она росла дикаркой, была нелюдима, а оказавшись среди большого количества людей, все время старалась забиться в угол, как будто хотела спрятаться, сделаться незаметной. В школе ей было очень тяжело, потому что над ней все время издевались одноклассники. Родители переводили ее из одной школы в другую — за десять лет она сменила четыре школы, но везде картина повторялась: она становилась той мишенью, в которую летели самые грубые насмешки, оскорбления, издевательства. Один раз ей устроили самосуд, придравшись к какому-то пустяку, избили чуть ли не всем классом во дворе школы. Счастье, что шедшая мимо учительница вмешалась, предотвратила расправу. В общем, картина из прошлой жизни повторялась снова и снова. Девочка лечилась у психотерапевта — не помогло. После окончания школы те же проблемы начались и на работе: она меняла одно место работы за другим и нигде не могла задержаться, потому что всегда с ее приходом начинался какой-то конфликт и козлом отпущения объявляли ее.

Сейчас мы занимаемся с ней отработкой этой кармы. Девушка оказалась очень талантливым человеком — у нее проявились способности экстрасенса. И я знаю, у нее все будет хорошо.

5. Гипертрофированный страх смерти, доходящий до глубокого ужаса.

Смерти боится лишь человек, который не знает, что истинная его энергоинформационная сущность бессмертна. Смерти боится тот, кто главным считает физическое тело. Такую карму нарабатывает человек, который не идет по пути эволюции своей энергоинформационной сущности, а заботится лишь о теле, то есть опять же не выполняет истинных задач.

Последствия такой кармы разнообразны: это может быть склонность к беспричинным депрессиям, доходящим до самоубийства, но это может быть и патологическая негибкость, «упертость» на одной цели, неспособность адаптироваться к жизни и обстоятельствам. Такой человек вследствие своей негибкости легко ломается. Такая карма оказалась, например, у одного из кандидатов в депутаты местного органа власти, который шел к своей цели как бульдозер и ни при каких обстоятельствах не хотел от нее отступаться. Оказывается, власть подсознательно связывалась у него с бессмертием. В прошлой жизни он был узником камеры смертников, испытал весь ужас надвигающейся казни. Его судьбой тогда распоряжался губернатор города. Теперь в его подсознании запечатлелось: получишь власть — будешь властен и над жизнью и смертью.

Есть и другие случаи, когда данная карма проявляется в форме страха перед быстротекущим временем, перед грядущей старостью. Часто у таких людей отсутствует чувство времени — они ничего не успевают, все время куда-то опаздывают. Они могут быть также очень нерешительными, не способными сделать выбор, изменить свою судьбу. Подсознательно им кажется, что любое решение приближает их к смерти. Они боятся заглядывать в будущее, боятся планировать свою жизнь. Лучше всего они себя чувствуют, находясь как бы вне времени и пространства.

Такое было с одним из моих пациентов, который годами сидел без работы, потому что не мог выбрать ни одного из нескольких предлагаемых ему вариантов. Он вспоминает, как его могла испугать, например, такая фраза работодателя, говорившего об условиях работы: «На пенсию сможете пойти, заработав двадцать пять лет стажа». Его испугала такая определенность, показалось, что эта работа приблизит его к пенсии, а значит, и к смерти. Он отказался от престижной высокооплачиваемой работы.

6. Ненависть других людей.

Имеется в виду не беспричинная ненависть, а ненависть, вызванная вполне реальными грехами и злодеяниями человека. Более того, эта ненависть была осознана ее объектом. Самый яркий пример: человек, загубивший множество жизней. Это карма Сталина и подобных ему тиранов.

В нынешней жизни данная карма проявляется так, что человеку буквально не дают жить абсолютно все окружающие его люди. Подсознательно они ведь чувствуют, что этот человек задолжал очень много большому количеству людей, что он виноват перед ними. Вот они и липнут к нему все время, чего-то требуют, предлагают, интересуются — изводят, одним словом. Одного такого человека (который в прошлой жизни был тираном масштаба гораздо меньшего, чем Сталин) окружающие люди в буквальном смысле слова довели до смерти от инфаркта. Жена его постоянно пилила за то, что он зарабатывает мало денег, на работе все существующие начальники одновременно давали массу взаимоисключающих и невыполнимых поручений, многочисленные знакомые все время просили в долг, требовали, чтобы он помогал им строить дачи, организовывать похороны тетушек, устраивать детей в школы, а жен в роддомы, — и ведь не потому, что он был каким-то влиятельным человеком, а просто они чувствовали, что он не в силах отказать (он ведь запрограммирован отрабатывать свою карму), а потому все сделает. Наконец настал момент, когда он одновременно должен был идти в четыре места, еще три дела требовали, чтобы он остался на работе, пять начальников кричали над ухом каждый о своем, телефон разрывался, и все от него чего-то требовали, требовали... Кроме того, у него пропадала дорогая путевка в санаторий, по которой он не смог поехать из-за многочисленный навязанных ему забот, а времени продать не было (из-за тех же забот). В этот момент ему сообщили, что кто-то поджег его дачу. Это было последней каплей. У человека случился инфаркт, а через сутки он умер в реанимации. Такая вот изощренная расплата за прошлые прегрешения.

7. Чувство вины, появившееся вследствие осознания грехов.

Чувство вины — это далеко не признак искупления греха. Когда грех искуплен, исчезает и чувство вины. А чувство вины, появившееся вследствие осознания греха, не только не искупает грех, но и само по себе порождает новую карму.

Бывает и так, что грех был, а чувства вины нет, потому что грех не осознан. Такой грех еще не воплотился в проявленную карму и не подлежит отработке и искуплению.

Чувство вины, с которым человек жил в прошлой жизни, проявляется в виде наличия навязчивых идей и склонности к фанатизму. Такой человек все время цепляется к окружающим, словно хочет им угодить, компенсировать подсознательное чувство вины. Окружающие же остаются к нему холодны и безучастны.

Данный вид кармы наблюдается у одного из известных современных политических деятелей. Он все время выступает с безумными навязчивыми идеями и хочет снискать любовь окружающих, но ему это не удается. В прошлой жизни он был мелким мошенником, ловко дурившим людей с целью опустошить их кошельки, — притом что осознавал неправедность своего поведения и в глубине души мучился чувством вины.

8. Большая неправедная любовь.

Неправедная любовь — эта та любовь, которая рождается не из истинных желаний и потребностей человека, а только из слепой безумной страсти.

В нынешней жизни это проявляется склонностью к перемене мест и несерьезным отношением к жизни. Кроме того, такого человека ненавидят окружающие. Такой человек беспокоен — он все время чего-то ищет, наверное, ту свою прежнюю любовь. При этом он легкомыслен, потому что, кроме любви, у него нет других ценностей в жизни. Окружающим он не нравится именно своим легкомыслием, играет роль и подсознательная зависть — многие в глубине души хотели бы иметь в жизни такую порочную страсть, но им это не дано. Я знал человека, который вследствие подобной кармы и в этой жизни тоже стал жертвой гибельной страсти — но другой: азартной игры в карты. Он колесил по стране, проматывал всю наличность и, в общем, достаточно плохо кончил.

9. Жадность в прошлой жизни.

Жадность — это неспособность делиться своей энергией. Это вызывает застойные явления в энергетической системе человека, энергия перестает циркулировать, она застывает и постепенно истощается. Человек, который не способен отдавать, перестает и получать. Потому что он перестает быть той самой проточной системой, где из одной трубы вытекает, а в другую втекает.

И в нынешней жизни это проявляется так, что человек никак не может получить то, что ему надо. Ему все время мешают внешние обстоятельства. Он не может достичь своих целей: при приближении к цели, откуда ни возьмись, все время возникает неодолимое препятствие.

Женщине, которая в прошлой жизни страдала такой жадностью (а она была скупой не только на деньги, но и на чувства), в нынешней жизни обстоятельства никак не давали выйти замуж. Первый жених изменил решение о женитьбе под давлением родителей, второй сбежал от нее чуть ли не из-под венца к другой женщине, с третьим накануне свадьбы произошел несчастный случай со смертельным исходом. Мы вовремя занялись работой с ее кармой, потому что прогрессирующее ухудшение ситуации могло привести ее к гибели.

10. Пьянство в прошлой жизни.

Пьянство — это тоже уход от истинных задач и целей жизни. Человек отказывается эволюционировать, становится бессилен перед жизнью и предпочитает реальности пьяный угар, в результате чего деградирует.

В этой жизни такой вид кармы проявляется тем, что человек никак не может собраться, сконцентрироваться и хоть чего-нибудь в жизни достичь — все события все время выходят из-под его контроля. Это безалаберные люди, и если даже они в этой жизни не пьют, вид у них такой, как будто они всегда слегка под мухой. Очень несобранные, внешне неряшливые, рассеянные, все забывают, всегда и всюду появляются некстати, а там, где они нужны, их нет.

В институте, где я работал, был такой бухгалтер. В результате сотрудники института были вынуждены сами контролировать все процессы, связанные с начислением зарплаты, потому что без ошибок, и очень грубых, дело не обходилось. Касса института была в полном беспорядке, он чуть не довел учреждение до финансового краха из-за своей безалаберности. Притом человек-то был неплохой. Пришлось хорошенько его тряхнуть и сказать: «Слушай, приятель, либо мы работаем с твоей кармой, либо ты летишь с этой должности без права дальнейшего трудоустройства». Помогло.

11. Энергетическое перенапряжение в прошлой жизни.

Имеется в виду такой образ жизни, который ведет к энергетическому истощению. Часто встречается у тех, кто в прошлой жизни был магом, колдуном — теми, кого нынче называют экстрасенсами. Люди не знали правил техники безопасности, работали на износ, щедро делились своей энергетикой с пациентами и в результате полностью теряли силы.

В этой жизни карма проявляется в виде склонности к пьянству. Дело в том, что такие люди рождаются уже ослабленными энергетически и в дальнейшем, чтобы как-то простимулировать себя на жизненную активность, начинают применять алкоголь в качестве допинга. Поначалу помогает, потом затягивает и ведет к алкоголизму.

В группе экстрасенсов, с которыми я работал, было несколько таких людей. Точнее, экстрасенсами они стали после большой проведенной с ними работы по очистке кармы, по нормализации энергетического потенциала. Сейчас это трезвенники и очень сильные специалисты.

12. Самоубийство в прошлой жизни.

Один из самых страшных грехов, что признает и церковь. Совершая самоубийство, человек отказывается выполнять стоящие перед ним жизненные задачи — он попросту сбегает от них в мир иной. Но от жизненных задач так просто не сбежишь — они все равно настигнут человека в следующей жизни, причем в еще более тяжелом варианте. Жизнь — это школа, и если вы сбежали из школьного класса, вас обязательно оставят на второй год, опять заставят проходить все то же самое.

Человека, который покончил с собой в прошлой жизни, ждет неимоверное количество трудностей. Но если карма не отработана, он по-прежнему будет стремиться убежать от трудностей, он начнет ненавидеть и эти трудности, и необходимость их преодолевать. Если не работать с кармой, это снова может привести к самоубийству.

Одного из моих пациентов удалось в буквальном смысле слова избавить от петли, которая ожидала его в недалеком будущем. На него наваливались неприятности, а он лишь лежал на диване и даже не пытался как-то решать свои проблемы. Он лишился работы, оставил без средств к существованию себя и семью, влез в какие-то безумные долги, а отдать не смог, ему пригрозили: «Продавай квартиру!»

В конце концов от него ушла жена, ребенок стал наркоманом — а он лишь впал в прострацию, тупо смотрел в потолок и уже готовился к новому путешествию на тот свет. Поработали с его кармой, он смог освободиться от навязчивой программы, встряхнулся, потихоньку разгреб свои проблемы. Сына спас, сам поправил свое материальное положение, вылез из долгов, женился снова. Сейчас нормальный человек.

Итак, вы познакомились с основными кармическими проявлениями. Кроме всех вышеназванных последствий, карма может порождать и болезни. Как определить, что болезнь имеет кармическое происхождение? Очень просто: эта болезнь обычно отличается некоторыми странностями, а именно: она абсолютно нетипична для человека данного пола и возраста и для обстоятельств его жизни. Ну с чего бы у сытого богача — туберкулез? У взрослого человека — свинка? У примерного семьянина — гонорея? Кроме того, такие болезни совершенно не лечатся обычными средствами и сидят в организме гораздо дольше, чем это полагается им по природе, их течение абсолютно не соответствует тому, что написано во всех медицинских учебных пособиях. Представляете себе острую ангину, которая тянется два месяца? И такой случай был. В чистом виде кармическая болезнь.

Теперь, когда мы провели полную классификацию, можно поговорить и о том, что же, собственно, с кармой нужно делать.

Предупреждаю сразу: навсегда избавиться от кармы на протяжении лишь одной жизни вам вряд ли удастся. Дело в том, что кармические проявления дают о себе знать не все сразу, а постепенно. Мы можем работать только с теми, что уже проявились. Не исключено, что некоторые кармические программы просто дремлют в структурах вашего сознания и эфирного тела — как мины замедленного действия, замаскированные под часть души, — и будут дремать еще очень долго, вплоть до следующей жизни. Такую программу вы просто не сможете обнаружить, а следовательно, и отработать.

Но все же у вас есть шанс уже сейчас значительно очистить свою карму. У человека, который осваивает ступени

ДЭИР, прогресс идет очень быстро и, как следствие, достаточно быстро просыпаются и всплывают спавшие до той поры кармические программы. Обычно это бывает следующим образом: как только спящая карма готова проснуться, вокруг человека начинаются определенные события — так называемые кодовые события, очень напоминающие события из прошлой жизни, сопровождавшие набор кармы. Под воздействием кодовых событий подсознание вспоминает о том, что с ним происходило прежде в подобных обстоятельствах, — карма оживает, обнажается, всплывает на поверхность души и сознания. И вот тут главное вовремя ее «схватить», отработать, не дать снова развернуться нежелательным событиям по прежней схеме.

Если кармическая причина уже всплыла, вступила в работу, она удаляется элементарно!

Прежде чем говорить о методах, несколько слов о том, не является ли применение этих методов чем-то неэтичным и нежелательным. Предвижу, что такие сомнения могут возникнуть у части читателей. Все дело в том, что природой предусмотрен естественный механизм отработки кармы. То есть природой было задумано так, что человек должен отрабатывать карму всей своей жизнью, а то и не одной жизнью, он должен заплатить за свои неправедные деяния и ложные желания страданиями, невзгодами, лишениями и т. д. (говорят, страдания очищают душу — это как раз отсюда). Большинство людей так живут и сейчас, только они не понимают, почему им приходится страдать и мучиться, обвиняют обычно в этом окружающих, тогда как виной тому только их собственная карма.

Бывают случаи, когда человеку удается отработать карму в течение одной жизни, но это дается ценой очень больших потерь и страданий. Был случай, когда женщину до 38 лет преследовали жуткие несчастья: она рано потеряла родителей, потом в 17 лет оказалась одна в чужом городе, без крыши над головой, без родных, без работы. Она голодала, вела образ жизни бомжа, в результате чего заболела, как считали врачи, неизлечимо. Причем поражены у нее оказались чуть ли не все сразу органы и системы организма. Она не вылезала из больниц, несколько раз была на грани жизни и смерти. Это все продолжалось на протяжении двадцати лет! Но однажды случилось чудо, которое ее спасло. После многих лет болезней и мытарств женщина в очередной раз оказалась в больнице — на сей раз со страшнейшим заражением крови. Все поставили на ней крест. Но как-то в палату, где она лежала, заглянуло видное медицинское светило. Светило увидело жалкую умирающую нищенку — и что-то в его сердце дрогнуло. Были созваны лучшие специалисты, применены лучшие медикаменты. Женщина выздоровела.

Через полгода она вышла замуж за итальянца и уехала в Италию. Муж ее очень любит, и она, никогда не имевшая ни кола ни двора, теперь имеет собственный дом, виллу на берегу моря, машину, яхту, серьги с бриллиантами и т. д. Скажете, сказка, такого не бывает? Еще как бывает, оказывается. Женщина неимоверными страданиями отработала карму, заслужила прощение.

Это пример того, как отрабатывается карма естественным путем. Раньше у человечества и не было другого пути. Но сейчас мы оказались в критической ситуации. Мы очень быстро скатываемся в пропасть. У нас просто нет времени для отработки кармы на протяжении целой жизни и тем более многих жизней, чтобы спастись, современному человеку приходится избавляться от кармических заморочек очень быстро. Именно поэтому мы сейчас получили доступ к другим методам отработки кармы — методам, которые можно применить осознанно и очень оперативно. Информация об этих методах получена напрямую из энергоинформационного поля Вселенной. Человечеству в данной сложной ситуации дано «добро» на применение этих методов. На данном этапе нашего развития применение их не противоречит нормам высшей этики.

Итак, когда кармическая проблема уже всплыла и проявилась, мы можем получить к ней прямой доступ, а получив этот прямой доступ, можем просто эту проблему удалить из структур своего сознания и души. По времени это займет не больше трех минут, а для вашей дальнейшей судьбы это будет равносильно естественной отработке кармы. В вышеописанном примере женщине не пришлось бы мучиться двадцать лет, если бы она имела доступ к этому методу! Но, как говорится, каждому свое — каждый получает доступ только к той информации, к которой он уже готов. Вы, дорогой читатель, уже вполне созрели для метода отработки кармы, с которым я собираюсь вас познакомить. Иначе вам просто не попала бы в руки эта книга.

Теперь конкретно к методу.

Система навыков ДЭИР
ступень II

Шаг 16. Выявление кармических причин

Познакомившись с вышеизложенной классификацией кармических проявлений, вы уже в общих чертах освоились с тем типом кармы, который может иметь отношение лично к вам. Но этого мало. Вы должны знать, что всплывшие и ожившие кармические причины всегда вызывают в вашей жизни какие-либо события. Именно по наличию тех или иных событий в своей жизни вы можете идентифицировать причину, вызвавшую эти события, то есть обнаружить, что ваша карма ожила и готова к отработке. К данного рода событиям можно отнести и кармические болезни, о которых мы уже говорили.

Итак, существует несколько типов ситуаций, попав в которые вы имеете все основания заподозрить, что ваша карма вскрылась и жаждет отработки.

1. У вас появилась (или была и раньше) какая-либо нежелательная склонность, которой вы подчиняетесь помимо своей воли.

Например, вы всегда опаздываете на все важные встречи — непонятно почему, ведь очень стараетесь не опоздать: но то будильник не сработает, то транспорт подведет, то еще что-нибудь. Сюда же относятся и склонность к выпивке и к азартным играм, и периодические не сдерживаемые позывы поколотить жену, и вообще все негативные наклонности вашего характера, от которых вы, может быть, и хотели бы, да не можете избавиться.

2. В вашей жизни постоянно происходят похожие события, в результате чего вы всегда становитесь жертвой. Вы все время наступаете на одни и те же грабли. Куда бы вы ни пришли работать — вас увольняют со скандалом, причем все эти скандалы похожи один на другой как две капли воды.

Либо вы все время падаете на ровном месте и с периодичностью раз в год ломаете себе то руку, то ногу. Либо какой-то амбал в подъезде повадился отнимать у вас кошелек с деньгами. Либо воруют в транспорте. Либо вас все время предают. Ну и так далее.

3. Жертвами таких очень похожих повторяющихся событий можете стать не только вы, но и члены вашей семьи — это тоже может свидетельствовать об обострении вашей кармы.

4. Вас в вашей жизни все время преследуют какие-то очень похожие друг на друга люди. Вы постепенно втягиваетесь в сходные отношения с похожими людьми. Например, когда вы садитесь в поезд дальнего следования, то соседом по купе всегда оказывается военный моряк. Или профессии большинства ваших друзей и знакомых почему-то связаны с музыкой, хотя все они между собой незнакомы, да и вы к музыке не имеете никакого отношения. Или вы все время меняете мужей, а они все оказываются на одно лицо и все, как один, заводят юных любовниц. Или кругом полно незамужних женщин, а у вас романы почему-то только с замужними. Иногда бывает, что вообще один и тот же человек все время попадается вам на глаза в самых неожиданных местах — куда ни пойдете, везде его встретите. С таким человеком вас явно связывает кармическая проблема.

5. Вы страдаете от болезни, редкой для людей вашего возраста, пола, семейного и социального положения, расы, государства и т. д. Болезнь возникает без видимых причин, спонтанно, она липучая и затяжная, лечится плохо, если вообще поддается лечению.

А теперь внимание: вот способ, который поможет вам проверить наверняка, является ли ваша проблема кармической или это стечение обстоятельств другого характера.

Вы входите в эталонное состояние. Вызываете в нем все обстоятельства, сопровождающие вашу нежелательную ситуацию. Если эти обстоятельства в эталонном состоянии вызывают у вас резкий дискомфорт — злость, грусть, упадок сил, отчаяние, растерянность или прочие негативные эмоции — это значит, что вы имеете дело с кармическими событиями.

Если этого не происходит, то карма здесь ни при чем, и вы, скорее всего, имеете дело с причинами некармического характера. Поищите эти причины в недавнем прошлом: проверьте свои желания на истинность, откорректируйте программы на удачу, на эффективность, на уверенность, на здоровье.

В том случае, если вы обнаружили, что происходящие с вами события носят кармический характер, можно приступать к удалению нежелательной кармы. Подчеркиваю: для этого не обязательно владеть техникой реинкарнации — вам не нужно проникать в прошлую жизнь и определять, что именно там стало причиной наработки кармы. Такие техники существуют и применяются специалистами — но использовать их без достаточной подготовки не рекомендую: они могут быть опасными. Тем более что, повторяю, для устранения кармы знать ее конкретную причину совершенно не обязательно. По вышеизложенной классификации вы сможете примерно определить, какого рода ваша карма. Знать конкретные события прошлой жизни для отработки кармы нет нужды. Ваша карма в этой жизни проявляется в виде конкретных, ощутимых энергетических структур. Достаточно обнаружить и удалить их — и карма будет отработана.

Система навыков ДЭИР
— ступень II

Шаг 17. Удаление кармических структур

Кармические структуры поражают нашу энергоинформационную сущность очень глубоко. Поэтому для их удаления вам придется проводить работу на трех уровнях, иначе положительный результат не гарантирован.

Кстати сказать, на занятиях удаление кармических причин проводится в тесном взаимодействии с преподавателем, потому что самостоятельное выделение кармической причины для человека неопытного может оказаться довольно сложным. Вам потребуется предельная сосредоточенность.

Первый уровень: удаление кармической структуры из собственных полевых структур.

Второй уровень: коррекция полевой структуры — закладка на освободившееся место новой противодействующей энергетической структуры, чтобы прежняя дефектная конфигурация не самовосстанавливалась.

Третий уровень: коррекция программ поведения — прежняя карма толкала вас на определенный тип поведения, теперь вам надо наработать новый, скорректировав для этого программы на уверенность в себе и на эффективность действий.

Теперь подробно о каждом из трех уровней работы, которую вам предстоит выполнить.

Шаг 17а. Первый уровень. Удаление собственно кармической структуры. Предупреждение: если вас преследует сразу несколько цепочек разнообразных кармических событий, значит, у вас проявилось сразу несколько видов кармы, корректировать которые надо по отдельности. Отрабатывайте эти цепочки поочередно, не надо все валить в одну кучу.

1. Войдите в эталонное состояние. Вызовите в воображении события вашей нынешней жизни, которые, как вы определили с помощью приведенной выше методики, вызваны кармическими причинами. Еще раз повторяю: это должны быть события только одного смыслового ряда. Если в жизни у вас несколько таких цепочек: вы и падаете все время, и деньги у вас воруют, и замуж выходите только за алкоголиков, — не надо в эталонном состоянии представлять себе все это сразу. Начните с чего-нибудь одного, например с непутевых мужей. Сосредоточьтесь на этом аспекте вашей жизни. Проникнитесь теми неприятными ощущениями, которые эта процедура вызовет. Потерпите, это нужно для того, чтобы оживить кармическую структуру, вытащить ее из глубин души и сознания как можно ближе к поверхности вашего эфирного тела. Тогда ее будет легче удалить.

2. Теперь внимательно изучите все свое эфирное тело (эти методики смотри в первой книге системы ДЭИР). Исследуйте его тщательно и досконально — кармическая структура должна быть здесь. Определите место дислока-

ции тех неприятных ощущений, которые возникли у вас при выполнении первого приема данного метода. Где именно в вашем эфирном теле, в вашей энергетической оболочке располагается эта боль, страх, горе, отчаяние и т. д.?

Вспомните, мы говорили о том, что кармическая проблема меняет конфигурацию полевых структур — она ощущается как нарост либо как дыра. При вытаскивании этой структуры на уровень эфирного тела она может субъективно восприниматься как плотный сгусток чужеродной энергии; как опухоль; как сгусток чего-то вязкого или, наоборот, комок чего-то твердого; как узел патологических связей на органах и т. д. Именно там и расположилась вся ваша душевная боль, вызванная кармической причиной. Представьте себе цвет, размер, форму этой структуры.

Не исключено, что уже при одном только мысленном прикосновении к этой структуре у вас возникнут спонтанные эмоциональные реакции — слезы, истерика, рыдания. Возможны и другие реакции, менее бурные: мороз по коже, дрожь, озноб. Очень хорошо — так начинает уходить кармическая структура. Только постарайтесь не дать себя захватить истерике, держите контроль над ней, смотрите на свои слезы как бы со стороны, как на необходимую медицинскую процедуру, а не как на повод погоревать и пожалеть себя. Вы ведь в эталонном состоянии — вот и смотрите на свои страдания отстраненно, не впуская их в свое эталонное состояние.

3. В ряде случаев описанного выше приема бывает достаточно, чтобы кармическая структура перестала существовать. Если вы вволю нарыдались, ее, скорее всего, уже нет: ваша эмоциональная реакция создала мощный энергетический всплеск, который и помог растворить кармическую структуру. В любом случае вы должны на уровне ощущений проверить, есть структура или ее уже нет. Вполне вероятно, что она по-прежнему на месте; а если никакой эмоциональной реакции не было, то структура точно никуда не ушла. Поэтому приступаем к следующему этапу — извлечению ее из своего эфирного тела.

Для этого можно использовать разнообразные приемы из числа тех, которые описывались в первой книге данной серии. Можно поступать с кармической структурой так же, как с узлом патологических связей в организме: вытянуть его при помощи руки, которая выкачивает энергию как насос (не забывайте после этого как следует вымыть руки под проточной водой!). Можно поступить как с порчей (если забыли, советую вновь обратиться к первой книге). В общем, делайте так, как вам удобнее и как, вы считаете, будет эффективнее. Вы уже достаточно подготовленные люди, чтобы проявлять собственное творчество и инициативу. Можете жечь кармическую структуру лучом лазера, можете стрелять в нее из огнемета, можете дробить как камень и вытеснять по частям, можете выкачивать насосом или счищать пылесосом. В общем, делайте что угодно, ваша задача — уничтожить кармическую структуру любым способом, но так, чтобы в вашем эфирном теле от нее ни осталось ни следа, ни крошки, ни капельки. И не забывайте, что все это время вы находитесь в эталонном состоянии!

4. Теперь вам осталось проделать завершающий этап работы: до максимума усилить восходящий и нисходящий потоки (которые унесут все остатки патологической структуры, если они еще есть), затем проверить и еще раз утвердить защитную оболочку, максимально накачать ее энергией. Проверьте, чтобы нигде не было дыр и неровностей. Если такие есть, заполните их энергией.

Шаг 17б. Второй уровень: коррекция полевой структуры. Обращаю ваше особое внимание: переход ко второму уровню осуществляется сразу же по завершении первого, без перерыва, и не выходя из эталонного состояния! Кармические структуры стойки, а сознание достаточно инертно. И если вы допустите паузу, сознание может автоматически вернуться к привычной патологической конфигурации и кармическая структура быстро снова займет привычное место. На месте ликвидированной вами структуры может родиться такая же новая, если вы быстро не заполните занимаемое ею пространство новой конфигурацией. Для этого и предназначены приемы второго уровня данной работы.

1. Вы по-прежнему в эталонном состоянии. С помощью приемов первого уровня вы освободили себя от неприятных ощущений и образов, которые вызвала в вас картинка це-

почки кармических событий. Не возвращайтесь больше к этим событиям и ощущениям, не вспоминайте их, а сразу приступайте к формированию прямо противоположных образов, картинок и ощущений. Создавайте идеальную картину — что бы вы хотели иметь вместо цепочки кармических событий? У вас прекрасный муж, который вам не изменяет, у вас новые замечательные друзья, вас приглашают на перспективную работу, вам все дарят подарки, вы миритесь с любимым, вы играете свадьбу, вы вовремя приходите на важную встречу?

Прекрасно! Вы поняли, что вы должны создать в своей душе картинку, прямо противоположную той нежелательной ситуации, в которую вас все время загоняла карма. Нарисуйте себе в воображении и в мыслях как можно ярче эту диаметрально противоположную ситуацию, представьте себе, что она уже осуществилась, порадуйтесь этому, сосредоточьтесь на своих приятных чувствах.

2. Теперь эти радостные чувства воссоздайте в виде сгустка энергии, который вы насыщаете приятными ощущениями. Внедрите этот сгусток прямо в свое эфирное тело. При необходимости повторите эту операцию несколько раз. Неплохо будет, если вы оставите данный позитивный сгусток в своем эталонном состоянии навсегда, заложив в эфирное тело на уровень сердца, как мы это делали при закладке программы на здоровье.

Шаг 17в. Третий уровень: коррекция программ поведения. Прежняя карма побуждала вас на определенный тип поведения, она создала стереотип ваших реакций на мир, к которому привыкли и вы, и окружающие. Например, у мужчины, которого карма побуждает зависеть от женщины, при виде сильной властной женщины сразу появляется виноватое выражение лица, жалкая улыбка, а шея втягивается в плечи. Как он ни пытается казаться уверенным и выглядеть суперменом, все равно получается, что в ее присутствии он начинает страдать комплексом неполноценности, говорит заискивающе, держится скованно и смотрит снизу вверх, даже если он выше ее ростом. Когда старая карма удалена, ничто больше не мешает такому человеку исправить этот стереотип поведения. Ведь больше нет структуры, которая программировала его на это поведение, — значит, надо просто наработать новую модель поведения и как следует оттренировать ее.

1. Проникаемся чувством собственной правоты (смотри предыдущую главу). Ощущаем себя уверенно, устойчиво, наша энергетика сильна и мощна. Впускаем в это ощущение новую модель поведения, противоположную прежней. Представляем себе, как мы общаемся с той же женщиной: прямо смотрим ей в глаза, говорим на равных, голос ровный, уверенный, поза раскованная, свободная... и т. д. Каждый рисует себе картинку в зависимости от своих обстоятельств и того конкретного результата, который он хочет получить взамен кармических заморочек.

Дальше жизненные обстоятельства будут сами заставлять вас тренироваться в новой модели поведения, пока она не станет для вас естественной и органичной. Вышеописанному мужчине, к примеру, жизнь постоянно будет подкидывать все новые и новые варианты общения с такими женщинами, от которых он раньше зависел, пока окончательно не научится быть с ними независимым и уверенным, пока эти новые навыки общения не будут доведены до автоматизма и ему не придется контролировать свое состояние.

2. Есть одна сложность: окружающие люди привыкли к вашему прежнему стилю поведения, а сломать стереотип восприятия окружающих очень трудно. Если вы шутки ради сыграете с каким-то человеком роль дурачка, вам потом вряд ли удастся убедить его, что вы на самом деле умный и серьезный человек. Люди реагируют друг на друга по одному и тому же, раз и навсегда закрепленному стереотипу, который возникает при первой же встрече. В дальнейшем люди уже не замечают перемен, происшедших с другим человеком, и продолжают относиться к нему так же, как если бы он все продолжал оставаться таким, каким они увидели его в первый раз. Ваши новые знакомые будут вас воспринимать уже совсем по-другому, а вот со старыми могут возникнуть проблемы. Ваша задача — сломать стереотип, по которому вас привыкли воспринимать окружающие. Вы должны приучить их к вашему новому образу любой це-

ной — пусть это даже вызовет на какой-то момент шок и враждебность к вам окружения.

С этой целью очень хорошо работают программы на эффективность действий, которые мы описывали в одной из предыдущих глав. Скорректируйте ваши программы с учетом вашего нового состояния. Хорошо также применить прием «сгустка энергии желания» из предыдущей главы для обеспечения поддержки окружающих. Все остальное сделает время — и жизнь. Будут возникать ситуации, в которых вам придется вновь и вновь демонстрировать нового себя, отрабатывать новые модели поведения.

В моей практике был интересный случай. Скромную женщину на работе все время задевали молодые бойкие сотрудницы, посмеивались над ней, создавали невыносимые условия. Женщина была молчаливой и безответной — все это знали, вот и позволяли себе поиздеваться, насладиться своим мнимым превосходством. Когда женщина скорректировала карму (страх, испытанный в прошлой жизни, делал ее жертвой мучителей), поведение ее и даже внешний облик радикально изменились. Она стала смелой, уверенной, но сотрудники на работе ничего не заметили и продолжали вести себя с ней по-прежнему. Неожиданно для самой себя она резко и грубо оборвала очередной «наезд» самой нахальной из обидчиц, использовав, к своему удивлению, самую изощренную ненормативную лексику — причем сделала это громко, четко, твердым голосом, при этом сохраняя ледяное спокойствие. Контора пережила шок. Отношение к женщине с той поры резко изменилось. Ее стали уважать и даже побаиваться. А она теперь недоумевает, почему не сделала этого раньше, почему так долго терпела этих нахалок, не могла поставить их на место: ведь это оказалось так просто!

Вот и все, вы освоили все три уровня работы по удалению кармы. Как вы себя чувствуете? Гораздо лучше? Не сомневаюсь. Если еще не все в порядке — повторите проделанную работу несколько раз, до тех пор, пока все не получится. Если все сделано правильно, вы заметите, как все ранее тревожившее вас просто уходит и растворяется где-то вдали.

Я поздравляю вас: теперь у вас в руках мощный инструмент по коррекции кармы, и вы можете сами, без посто-

ронней помощи вырваться из ее лап! По мере проявления
кармы вы в любой момент можете ее ликвидировать. Ведь
вы уже на новой ступени эволюции, а человека, вступившего на эту ступень, не должны мучить ни энергоинформационные паразиты, ни карма.

Есть и другой способ работы с кармой, но это — на лю-
бителей. Если вам кажется, что приведенный выше способ
слишком прост, если вы все-таки хотите сначала испытать
страдания, чтобы очистить душу, если вам интересно узнать,
куда заведет вас карма, если ее не удалить, если вы хотите
извлечь какой-то урок при помощи проявившейся кармы,
прежде чем ее ликвидировать, — ну что же, можете попробовать отработать карму. Делать это естественным образом
не советую — может уйти полжизни, а то и вся жизнь, кроме того, это очень большой риск: а вдруг не выживете? А вот
«поиграть» в отработку кармы в условиях, так сказать, ла-
бораторных — может быть очень любопытно, особенно для
людей, обладающих могучим творческим воображением.
Для них специально — метод отработки кармы.

Шаг 18в. Отработка кармы. Метод отработки кармы
действительно позволяет понять, к чему бы она привела, дай
вы ей волю развернуться в реальной жизни так, как ей хочется. Один из моих учеников, к примеру, увлекшись такой
отработкой, выяснил, что карма его ведет прямиком к самоубийству. Дальше отрабатывать ему, естественно, не захотелось, он ее быстренько устранил. И теперь живет себе
и радуется жизни. Но этот метод помог ему стать чуть ли
не провидцсм — он научился заглядывать в будущее и помогать в этом другим людям.

Первый уровень работы. Собственно отработка кармы
1. Вошли в свое основное эталонное состояние, а потом
создали из него альтернативное эталонное состояние способом, о котором говорилось в предыдущей главе (основное эталонное состояние вам ни к чему портить картинами
разворачивающейся кармы).
2. Восстановили в воображении преследующие вас кармические события. Впустили в эталонное состояние связан-

ные с этим ощущения. Ощущения, как мы уже говорили, будут не из приятных.

3. А теперь примите решение не избавляться от этих неприятных ощущений, а наоборот, вы (как это делают в реальной жизни большинство людей) будете руководствоваться в своих реальных действиях именно этими чувствами и ощущениями. Проанализировали свои ощущения именно с этой точки зрения: на что они вас толкают? На какие поступки, действия, реакции? Например, вас опять бьет очередной муж — вы испытываете обиду и горе. На что они вас толкают? Как вы будете реагировать?

4. Теперь проникните дальше и представьте, что вы решили осуществить тот поступок, на который толкают вас ваши негативные чувства. Что вы сделаете? Пожалуетесь в милицию? Нанесете мужу ответный удар? Уйдете из дома? Или смиритесь со своей участью, оставите все как есть и будете и дальше терпеть издевательства? Как можно ярче в своем воображении нарисуйте картину ваших возможных действий. Представьте, что вы в реальности осуществили то действие, которое вам захотелось совершить. Как это произойдет? Что вы будете чувствовать при этом? Предупреждение: надо воображать себе только те действия, совершение которых ваше подсознание легко допускает. Если вы пытаетесь представить, как бьете мужа топором, а все у вас внутри этому сопротивляется и подсознание кричит: «Нет!» — не надо и представлять. Представляйте только то, что для вас естественно, что вы действительно могли бы сделать.

5. Идем дальше. Ощущаем: к чему приведет то, что вы сделали? Исходим из логики, здравого смысла и собственной интуиции. Вы все-таки ударили мужа топором — а вдруг удар оказался смертельным? Или вы его тяжело ранили? Что вы сделаете? Побежите за врачом? Пойдете в милицию? Или вы просто ушли из дома — и что? Пошли куда глаза глядят? Ночевать на вокзал? К подруге? К родителям? Представляйте себя как можно ярче в этой ситуации, вживайтесь в роль, не жалейте красок. Возможно, такая «игра» будет сопровождаться вполне реальными проявлениями эмоций: не бойтесь, плачьте, смейтесь, горюйте, радуйтесь — пусть чувства проявляются спонтанно, так, как им

хочется. В ряде случаев это имеет благотворный целительный эффект и способствует отработке кармы. Проиграв ситуацию в воображении, вы избавите себя от повторения ее в реальности.

6. Проанализировали ту ситуацию, в которой вы оказались в своем воображении, и прониклись ощущениями, ее сопровождающими. Вы сидите на вокзале в слезах и горе, и милиционер ведет вас в пикет? Вы спасаетесь у подруги, но тут врывается разъяренный муж? Напоминаю: ваше воображение должно исходить только из реальных посылок, — если ваш муж все-таки не настолько злобен, чтобы найти вас ночью у подруги с одной лишь целью довести начатое рукоприкладство до победного конца, вряд ли последняя картинка будет правдоподобной. Исходите из реальной логики и из того, что могло бы произойти на самом деле с вами — именно с вами, а не с героем фильма ужасов.

7. Снова представили все последствия. Реализовали их в пространстве эталонного состояния. Продолжайте цепочку событий до тех пор, пока она не дойдет до логического конца. Ведь вам надо знать, чем все это может закончиться! Поэтому идите в своем воображении до конечного результата, как можно ярче и нагляднее представляя себе все картины этого пути. Очень может быть, что этот результат будет положительным: вот вы дома у своих родителей, с ребенком, и счастливы, что ненавистного мужа нет рядом, — к тому же к вам уже сватается сосед, прекрасный человек, ничуть не похожий на вашего предыдущего благоверного. Ну что ж, в таком случае с помощью метода отработки кармы вы нашли оптимальный выход из вашей ситуации, и теперь вам остается лишь осуществить его в жизни. Вполне вероятно, что ваша карма на этом закончится.

8. Прониклись получившимся результатом, как можно глубже впитали в себя все ощущения, с ним связанные. Проанализировали результат — куда вы пришли? Вам туда надо? Вам там хорошо или плохо?

9. А теперь, независимо от того, положительный результат получился или отрицательный, вам надо его запомнить на уровне ощущений. Вот и все. Вы отработали карму, вы прожили ее в воображении. Можете выходить из альтернативного эталонного состояния, чтобы больше не возвра-

щаться туда никогда, кроме случаев, когда вам снова захочется отработать карму.

10. Теперь вы должны вернуться к первому приему метода удаления кармических структур и проверить, на месте ли все еще кармическая структура, с которой вы сейчас работали. В ряде случаев метод отработки кармы дает возможность ликвидировать кармическую структуру, и тогда есть гарантия, что ряд событий, пережитый вами в воображении, уже не повторится в вашей жизни. Если же структура по-прежнему на месте, настоятельно рекомендую все же избавиться от нее методом удаления кармических структур. Для этого вы должны обследовать свое эфирное тело, изъять структуру, если она там есть, а после удаления (если никакой структуры нет, то сразу) усилить свою энергетику при помощи активизации центральных потоков, насытить энергией эфирное тело.

11. Теперь утвердите защитную оболочку и до максимума наполните ее энергией.

Второй и третий уровень данной работы делается по той же схеме, которая предусмотрена для метода удаления кармических структур. Не забывайте обязательно проделывать работу второго и третьего уровня — это окончательно вытеснит из вашей души и сознания все последствия нежелательной кармы.

Пользоваться ли данной методикой — решайте сами. Работа непростая, требует больших душевных сил и эмоциональных затрат. Если вы любознательный исследователь, если вам интересно, что могло бы случиться с вами в будущем (хоть в реальности это никогда и не произойдет), если вы хотите постичь суть ясновидения (а картинки будущего, встающего перед вашим внутренним взором, это и есть не что иное, как ясновидение!), если вы хотите помогать другим людям, подсказывать им выходы из кармических цепочек — тогда этот метод для вас! Если это так, то это здорово: вы поистине незаурядная личность.

Вот, собственно, и все: вы вооружены очень действенным, мощным и эффективным методом работы с кармой. Живите счастливо, не бойтесь трудностей, не бойтесь житейских заморочек, от которых страдают все люди, — вам теперь это не страшно, вы легко справитесь с любыми неприятностями. И работайте над собой, совершенствуйте себя, друг мой. Увлекательнее этого занятия, уверяю вас, нет ничего в мире. А вознаграждение не заставит себя ждать. Ибо только новый совершенный человек придет к процветанию в третьем тысячелетии.

Заключение

Вот мы и подошли к концу второй книги. Подведем краткие итоги.

Если первая книга была посвящена тому, как выйти из своей предшествующей спячки, как стать активным, сильным, полноценным Человеком, как ощутить себя энергоинформационным существом, как научиться жить в этом мире осознанно, — то вторая книга выводит вас на новый, более высокий качественный уровень: вы учитесь, уже осознав себя как мощное энергоинформационное существо, жить и действовать в реальном мире. Вторая книга должна помочь вам избежать ошибки многих высокодуховных и развитых с энергоинформационной точки зрения людей, которые становятся так называемыми «белыми воронами», уходят в свой внутренний мир и перестают общаться с людьми. Это — неправильная позиция. Мы уже говорили, что природе нужен Человек Действующий, особенно сейчас, на исходе тысячелетия.

Мало самому стать гармоничным — надо всем своим существованием, всем поведением и активными действиями влиять на окружающий мир, менять его, способствовать его гармонизации. Только тогда, когда каждый из нас — людей, вступивших на новую ступень эволюции (а нас пока очень мало), — будет своим активным поведением воздействовать на окружающий мир, только тогда мы запустим цепную реакцию массовой гармонизации других людей, только тогда у человечества появится шанс выжить. Только тогда вы сами ощутите настоящую гармонию, радость и удовлетворение от жизни.

Вы — та маленькая песчинка, которая запускает мощный и масштабный процесс кристаллизации. Именно вокруг вас начинает формироваться одна из ячеек будущего человечества. Постепенно из таких маленьких ячеек сложатся целые соты — новый гармоничный мир, где все люди будут жить безоблачно и счастливо. Пока же так живут только единицы — и вы, дорогой читатель, уже в их числе!

Итак, чего вы уже достигли? Вы умеете определять свои истинные желания и отсекать ложные. Это очень важно: ведь вы больше не нарабатываете новую карму. Карма — это не что иное, как осуществление ложных желаний. Ложные желания всегда идут вразрез с законами энергоинформационного поля, соответствуют этим законам только истинные желания. Это значит, вы гарантированы от тех неприятностей, к которым нас неизбежно ведут ложные желания.

Вы научились включать программы на удачу и везение — это естественно, ведь истинные желания обречены на успех, следуя им, вы всегда удачливы. Вы научились работать со своим подсознанием, управлять им — и это гигантский прорыв, потому что для большинства людей подсознание — это темный лес, где обитают неведомые звери, которые только мешают человеку жить. Ваше подсознание теперь ваш лучший друг; вы можете смело довериться ему, оно ведет вас только к самым благоприятным результатам ваших действий, только к осуществлению самых оптимальных вариантов вашей судьбы. Вы умеете управлять своей судьбой! Разве это может хотя бы присниться большинству из известных вам людей?

Вы научились запускать во внешний мир программы эффективных действий, которые разрушают все планы энергоинформационных паразитов и поворачивают ситуацию в направлении, нужном вам, а не паразитам. Заметьте: если все ваши желания истинны, значит, вы действуете по законам единого энергоинформационного поля Вселенной, вы способствуете разворачиванию таких событий, которые находятся в согласии с гармонией мира! Действия, запускаемые энергоинформационными паразитами, направлены на разрушение этой гармонии. Одним своим существованием вы гармонизируете весь мир!

Вы овладели программами на оздоровление и самоисцеление, вы усилили свою энергетику, а значит, стали еще более яркой звездой на энергоинформационном небосклоне Вселенной. Вы — пример для подражания, к вам будут подсознательно тянуться люди, которые желают совершенствоваться, а дисгармоничные, агрессивные, несущие зло и разрушение будут просто отскакивать от вас, как от стенки горох, разбиваться о вашу мощную энергетику, не сумев причинить вам никакого вреда. Вся их агрессия будет отлетать от вас и возвращаться к ним обратно, бить их же самих. Их подсознание при этом будет кричать, что вас трогать нс надо, иначе будет больно!

Вы научились управлять своими эмоциями, вы стали уверенным в себе, все, что вы делаете, — вы делаете решительно и смело. Ваша уверенность — это не самоуверенность зарвавшегося наглеца, это спокойная, достойная уверенность человека, который знает истину о мире и о себе, знает, чего он хочет, как этого достичь и в чем смысл всех его действий и поступков.

От вас начинает исходить внутренняя сила, которую заметят (если еще не заметили) окружающие. Помните, люди живут неосознанно, они сами не ведают, что творят, их действия стихийны и бессмысленны, обстоятельства и окружающие играют ими как хотят. На этом фоне вы — человек независимый, хозяин своих чувств и действий, знающий, как жить, что делать и зачем, — это поистине гигант, титан, на сто голов возвышающийся над массой бессмысленно суетящихся людей.

Снова повторяю: я говорю это не для того, чтобы потешить ваше самолюбие и пробудить к жизни гордыню. И то и другое для вас должно остаться в далеком прошлом. Гордыня только вернет вас в стан обычных людей, снизит вас до их уровня. Я говорю это для того, чтобы вы научились уважать себя за тот уровень развития, которого вы смогли достичь, чтобы вы обрели чувство собственного достоинства. Ваше чувство собственного достоинства — спокойное, ровное чувство, вам ни к чему суетливо самоутверждаться, ведь вы и так знаете себе цену. У вас достаточно силы, а потому вы можете себе позволить прощать слабости и несовершенства и другим людям, и себе самому. Не смотрите на окружающих свысока. Лучше помогите тем, кому нужна помощь.

Один из важнейших итогов работы по методике, изложенной в книге: вы получили ответ на вопрос о смысле жизни. Вы умеете находить смысл во всем, что вы делаете, — во всем без исключения. Это не удивительно: ведь вы следуете только истинным желаниям, а все действия, связанные с истинными желаниями, насыщены огромным смыслом — не только для вас, но и для всей Вселенной! Живя в соответствии с истинными желаниями каждое мгновение своей жизни, вы получаете от этого колоссальное наслаждение. Иначе быть не может: жизнь в соответствии с истинными желаниями всегда несет наслаждение, так задумано природой. Посудите сами: от чего получают наслаждение большинство людей? От секса, от вкусной еды, от сладкого сна, от теплой ванны... Пожалуй, все. Маловато, не так ли? Бедновата их жизнь на наслаждения. Для вас же сама жизнь — во всем ее разнообразии — сплошной, непрерывный, бесконечный источник наслаждения. Оцените же, как вы богаты. Пожалейте других людей: они просто нищие по сравнению с вами.

И наконец, вы научились работать с кармой. Может быть, у вас возникнет вопрос, почему к такому важному делу, как работа с кармой, мы подошли в этой книге в последнюю очередь, ведь именно в кармических причинах истоки очень многих проблем — и они вам очень мешали, пока вы их не ликвидировали. Отвечаю: работа с кармой — это работа очень высокого уровня, она доступна только для человека, прошедшего уже достаточно серьезную подготовку. Только освоив предыдущий материал первой и второй книг, вы оказались подготовленными к работе с кармой.

Без кармической чистоты немыслим человек третьего тысячелетия. Без кармической чистоты невозможно здоровье, ни духовное, ни физическое. И этот ключ теперь у вас в руках. Вы готовы к тому, чтобы прогрессировать и продвигаться вперед гигантскими, семимильными шагами.

Знакомясь с содержанием книг данной серии, вы можете сделать очень важный вывод: в самом человеке, в его душе и сознании, в его энергоинформационной сущности заложено все необходимое для того, чтобы жить, развиваться, совершенствоваться, помогать себе самому справляться со своими проблемами. Да, каждый человек создан так, чтобы суметь помочь себе самому. Люди этого не знают, они не верят в свои силы, они бегут к магам, колдунам, экстрасенсам, врачам и прочим специалистам, не все из которых добросовестны и квалифицированны. Пользуясь этой человеческой слабостью, развили бурную деятельность тысячи шарлатанов. Все они зазывают потенциальных клиентов призывами: мы вам поможем, избавим от чего хотите, только несите деньги!

Я ответственно заявляю: нет и не может быть истинной помощи, кроме самопомощи! Если человек не может помочь себе сам, ему не поможет никто и никогда. Но ведь каждый человек действительно может помочь себе сам. И не надо тратить бешеные деньги на целителей и экстрасенсов. У вас было достаточно поводов при прочтении наших двух книг убедиться в этом на своем опыте. Ведь моя система — это система самопомощи. И в этом, в частности, ее уникальность не только для России, но и для всего мира. Я пишу не для того, чтобы привлечь к себе клиентов (я больше не практикую, потому что считаю: лучшая помощь — это нужная информация, усвоив которую человек поможет себе сам). Я пишу не для того, чтобы сделать себе рекламу и добиться популярности. Я хочу, чтобы человек, прочитав мои книги, поверил в себя, в свои силы, в то, что ему не нужен никто другой для решения его проблем, что он все может сам. Если книг окажется недостаточно, то вам помогут курсы системы ДЭИР, проводимые моими учениками (к сведению: все они имеют дипломы, разрешающие им это преподавание). Записаться на курсы можно по тел. (812) 219-12-45 или написав по адресу: Россия, СПб, 198103, Лермонтовский пр., 44/46, а/я 123, Титову К. В.

От любого экстрасенса, даже самого доброго и хорошего, от любого мага, даже самого что ни на есть белого, вы обязательно попадете в тягостную зависимость. Даже если он вам действительно поможет, решив ваши проблемы, он при этом создаст для вас новую, может быть, гораздо более серьезную проблему: поймает в сети своей энергетики, из которых вырваться бывает ох как непросто. И только система самопомощи гарантирует вас от таких неприятностей. И только система самопомощи сделает вас по-настоящему сильным и независимым человеком.

Ну что же, если вы освоили материал данной книги — впереди вас ждет новый этап. Можно сказать, что вас ждет особая миссия: вы теперь сможете оказать самое благотворное и гармонизирующее воздействие на окружающих. Да, «процесс кристаллизации» уже начался: вы одним только фактом своего существования уже меняете к лучшему ситуацию вокруг себя, вы уже ориентируете на себя людей. Дисгармоничные люди как-то сами отсеиваются. А те, кто тянется к гармонии, концентрируются вокруг вас. В следующей книге мы будем учиться делать этот процесс осознанным, контролируемым и мощным.

Вы уже должны сами начать угадывать тех, кто, как и вы, начал осваивать ДЭИР. Это — ваши друзья, такие же свободные люди, на которых можно опереться. Кроме того, вы уже в полной мере должны осознать, какую огромную помощь вам оказывает сосредоточение на словах общего напутствия, позволяющее объединить вашу личную энергию с такими же, как и вы, людьми, осваивающими новую эволюционную ступень.

Все ваши дела, мысли, чувства теперь гармоничны, они продиктованы энергоинформационным полем и соответствуют гармонии мира — но вот окружающие люди все же то и дело невпопад вклиниваются в запущенные вами процессы, мешают их гармоничному течению. Что делать? Ответу на этот вопрос будет посвящена следующая, третья книга. В ней я расскажу о методах гармонизации вашего окружения. Ведь окружающие умеют портить жизнь и вам, и самим себе! Как избежать этого? Как повернуть их энергию в нужное русло? Как обратить ее во благо? Как сделать так, чтобы вам никто никогда больше не мешал, а все только помогали? Об этом и многом другом вы узнаете из третьей книги.

До встречи!

Содержание

ФИЛИАЛЫ ШКОЛЫ ДЭИР

Россия

Абакан(Красноярск) (39022) 40885
Альметьевск (8553) 250979, 226759
Ангарск(Иркутск) (3951) 538087, 537672
Архангельск (8182) 266120, 468843
Армавир (86137) 53270
Астрахань (8512) 360484
Ачинск(Красноярск) (39151) 22761
Анджеро-Суджинск (38453) 24736
Барнаул (3852) 459808, 273488
Балаково(Саратов) (84570) 45251
Биробиджан (42622) 92602
Байкальск (39542) 5833
Братск(Иркутск) (39531) 433438, 378780
Белгород (0722) моб.8-902-745-56-94
Березняки (Пермь) (34242) 35676, 17337
Белорецк (Уфа) (3472) 313463
Бикин(Хабаровск) (42357) 21720
Бийск(Новосибирск) (3854) 775307
Великие Луки (81149) 31117
Владикавказ (883237) 520121
Владивосток (4232) 259206
Воронеж (0732) 798691
Волгодонск (86392) 75982, 20525
Волгоград (8442) 972907, 972909
Владимир (0922) 347177
Вологда (8172) 719058, 792322
Воркута (82151) 70864
Гурьевск(Кемерово) (38463) 22484
Гусь-Хрустальный (09241) 33593
Георгиевск (з. 077) 21622
Димитровград(Ульяновск) (84235) 34103
Дюртюли(Уфа) (34717) 32829, 31057
Екатеринбург (3432) 521425, 615877,289903
Зеленогорск (Красноярск) (39169) 37191
Ижевск (3412) 221419, 269260
Иркутск (3952) 334662, 334425
Иваново (0932) 232303
Йошкар-Ола (8362) 643693
Калуга (08433) 22880
Камышин (84457) 45193
Казань (8432) 555016, 416415
Калининград (0112) 450163
Кемерово (3842) 312400
Краснодар (8612) 386308, 384524
Кисловодск (87937) 49042

Комсомольск-на-Амуре (42172) 53432, 21622
Красноярск (3912) 449803,424521, 629659, 504433
Кропоткин (86138) 54015
Курск (0712) 506308
Кольчугино (Владимирская обл.) (09245) 45611
Киров (8332) 646738, 670158
Курган (3522) 425350
Кызыл (респ. Тува) (39422) 39188
Лесосибирск (Красноярск) (39145) 24522
Липецк (742) (31)(32)9621
Махачкала (8722) 623400
Магнитогорск (3511) 324435
Майкоп (87722) 76902, 30639
Мин.воды (87922) 59519
Москва (095) 9053125, 9465620
Мурманск (8152) 377634
Муром (09234) 36429
Набережные Челны (8552) 536593
Нальчик (8662) 62102
Нерюнгри(Якутия) (41147) 66703
Нефтекамск (Башкирия) (34713) 55761
Нижний Новгород (8312) 444906, пдж. 303030, аб. 13019
Надым (Тюмен. Обл) (34995) 68924
Новотроицк (Оренбург) (35376) 34681
Невинномыск (86554) 76007
Нижневартовск (3466) 125575
Нижнекамск (8555) 435279
Новая Игирма (Иркутск) (266) 61734
Новокуйбышевск (84635) 36016
Новосибирск (3832) 280475, 900956
Новороссийск (8617) 259308
Новокузнецк (3843) 574958, 790085
Норильск (3919) 444867, 370211,
Нягань(Тюмень) (34672) 61107
Омск (3812) 347061
Оренбург (3532) 760405
Орел (08622) 56165, 25545
Орск(Оренбург) (3572) 96561
Пермь (3422) 128719, 655852
Пенза (8412) 430147
Петрозаводск (8142) 551000, 561419
Ростов-на-Дону (8632) 258126, 712586

Рубцовск 93979
Рязань (0912) 399368
Салават (3473) 61294
Самара (8462) 502221, 535512
Северодвинск (81842) 18204, 66301
Саратов (8452) 351148,794484,451628
Саяногорск (Хакассия) (39042) 76162
Саянск (39513) 53063
Северобайкальск 52151, 24878
Сердобск(Саратов) (84167) 22020
Серов (Екатеринбург) (34315) 21957
Сочи (8622) 923883
Ставрополь (8652) 735561
Старый Оскол (0725) 422529
Стерлитамак (3473) 243013
Сургут (3462) 321870
Сызрань (84643) 61426
Тайшет(Иркутск) (з. 077) 53539
Тамбов (0752)
Тверь (0822) 337966
Тобольск (34511) 55443
Тольятти (8482) 380218,730218,203779
Томск (38242) 70015 - Северск
Томск (3822) 645210 - дисп.
Троицк (35163) 72178, 72091
Тула (872) 484548
Тулун (з. 077) 22736
Тюмень (3452) 337653, 351689,
   333210 — дисп.
Улан-Удэ (3012) 379527
Ульяновск (8422) 210985
Усть-Илимск (Иркутск) (39535) 56053
Усть-Джегута (87875) 33976
Уфа (3472) 257670, 55777
Хабаровск (4212) 349665
Чапаевск (84639) 24870
Чебоксары (8352) 414606
Чита (3022) 926152, 264462
Челябинск (3512) 602548
Шарыпово (Красноярск) (39153) 27141
Элиста (з. 077) 59286
Энгельс(Саратов) (84511) 23919
Южно-Сахалинск (4242) 713402, 771373
Якутск (4112) 434398, 244746
Ярославль (0852) 538291,
   720600 аб. 307

Украина

Винница (10308432) 462140, 463584
Вознесенск (Николаев) (103805134)
   54912, 53920
Волноваха(Донецк) (103806244) 41543
Горловка(Донецк) (103806242) 42119

Днепродзержинск (103805692) 68711
Днепропетровск (10380562) 7780311,
   336989, 967509
Донецк (10380622) 923820, 225668
Запорожье (10380612) 964779,
   347765
Ивано-Франковск (103803472) 25272
Киев (1038044) 2276475, 2271213
Кривой Рог (10380564) 283045
Кировоград (10380522) 238306
Константиновка (103806272) 21382
Луганск (10380642) 589174
Луцк (103803322) 59710
Львов (10380322) 760557, 746879
Мелитополь (103806142) 53700
Мариуполь (10380629) 224268
Николаев (10380512) 433222
Никополь (103805662) 97717
Одесса (10380482) 7430450, 426605,
   236397
Ровно (103803622) 615226
Севастополь (10380692) 542852
Симферополь (10380652) 233218
Славянск (103806262) 73040
Ужгород (103803122) 27865, 26194
Феодосия (103806562) 42472
Харьков (10380572) 357938
Херсон (10380552) 538025
Черкассы (10380472) 644762

Белоруссия

Брест (10375162) 433646, 452443,
   272389
Брест (10375212) 226548
Витебск (10375212) 226548
Минск (1037517) 2306214
Казахстан
Алматы (1073272) 482757, 282948
Актау (10732922) 518316
Астана (1073172) 267291, 214770,
   316833
Байконур (10733622) 54523
Балхаш
Жесказган (10733102) 741276
Караганда (1073212) 425784
Кокчетав (10731522) 28812
Лениногорск (107236) 24528
Петропавловск (1073152) 361825
Семипалатинск (1073222) 420170
Тараз (10732922) 461820
Уральск (1073272) 513512
Усть-Каменогорск (1073232) 406751
Чимкент (1073252) 577215